# Les "Jeunes"

# du Bocage

## A LA GUERRE

## Dans leurs lettres

Publiées

par le R. P. ROCHEREAU, c. r. l.

*des « Pères de Beauchêne »*

*Aumônier de l'U. C. de Cerizay (2-S.)*

SAINT-MAIXENT

MAISON DE LA BONNE PRESSE DE L'OUEST

—

1916

# Les "Jeunes"  du Bocage

## A LA GUERRE

## Dans leurs lettres

Publiées

### par le R. P. ROCHEREAU, c. r. l.

*des « Pères de Beauchêne »*

*Aumônier de l'U. C. de Cerizay (2-S.)*

SAINT-MAIXENT

MAISON DE LA BONNE PRESSE DE L'OUEST

1916

*IMPRIMATUR*

Roma ad S. Petrum ad Vincula
die 30 Aprilis 1916

L. S.

† D. Joannes B. Strozzi, can. reg. Lat.
Abbas Generalis

*A. DE NEIRE*,
*o. r. l. secr.*

Au moment où les pages qui composent ce livre commençaient à paraître dans *La Croix des Deux-Sèvres*, de toutes parts arrivaient à l'auteur des paroles de félicitations et d'encouragement. Aucune approbation ne pouvait lui être plus sensible que celle que lui ont adressée, dans leurs lettres, ses supérieurs et son évêque.

C'est un plaisir autant qu'un devoir pour lui de les publier, parce qu'elles s'adressent surtout aux chers « Jeunes », les véritables auteurs de ce livre. Elles exaltent le courage, le patriotisme et la foi religieuse qui ont fait d'eux les dignes fils de leurs glorieux ancêtres, les Géants de la Vendée.

De tous ces vaillants on peut non seulement dire la parole d'un grand écrivain, Barbey d'Aurevilly : « Ce sont, eux qui ont fait nos livres, c'est nous qui les écrivons », mais il faut ajouter que nos « Jeunes » sont seuls les vrais auteurs de ce livre : ils l'ont fait et ils l'ont écrit. Celui qui l'a composé n'a que le mérite d'avoir recueilli leurs lettres et de les avoir transcrites.

Ce livre est une simple introduction à un ouvrage de plus longue haleine et d'une portée apologétique plus étendue: « L'AME DES JEUNES A LA GUERRE », qui montrera non pas seulement l'ardeur de nos soldats au départ, à la frontière et dans les combats, mais découvrira toutes les beautés de leur âme de héros, pétrie de foi et de patriotisme.

Que Dieu les garde jusqu'à la victoire, pour ces autres luttes et ces autres victoires auxquelles les invitent leur évêques et leurs prêtres.

Roma, S. Pietro de Vincoli.


Mon bien cher Confrère,


J'ai lu avec intérêt vos « JEUNES DU BOCAGE ». Vous n'aviez pas besoin d'approbation pour ce travail, que vos « jeunes héros » ont eux-mêmes composé sous le souffle et dans l'élan de leur foi et de leur patriotisme.

Cette belle jeunesse ne pouvait mieux confier ses sentiments qu'à votre cœur, si vibrant lui-même de foi religieuse et patriotique. Continuez donc votre œuvre touchante autant que réconfortante. A défaut d'approbation dont vous n'avez point besoin, recevez les vœux, les encouragements et les plus ferventes bénédictions de celui qui souffrant avec vous, mais espérant comme vous, gardé invincible sa confiance dans le triomphe de la cause qui a pour elle l'honneur et la justice .

Les sublimes sentiments de ceux qui combattent soutiendront ceux qui peinent loin du front; et je suis sûr qu'en communiquant, qu'en livrant « l'âme de vos chers soldats », vous hâtez la victoire .

Continuez donc votre œuvre: joignez votre âme, votre cœur, à l'âme, au cœur de vos soldats, et dans cette action commune, vous susciterez de nouveaux héroïsmes et assurerez de nouvelles victoires...

Puissent aussi ces bonnes pages, qui reflètent l'âme de votre Jeunesse française, consoler ceux et celles qui pleurent et les rendre forts! Puissent-elles attiser la flamme sacrée du plus noble des patriotismes chez les plus jeunes' qui suivent! L'héroïsme des vieux-jeunes entraînera les cadets et les petits, et ce beau mouvement d'indomptable héroïsme est la sûre garantie de la victoire.

Avec quelle légitime fierté ne devons-nous pas constater que tant de généreux sentiments sont nés de la source pure de la foi et des nobles traditions!

Honneur à votre pays! honneur à votre Jeunesse, qui donne le meilleur de son sang, pour la Patrie! et qui trouve dans sa religion et dans son patriotisme le secret de se sacrifier sans réserve!

Dieu bénisse ces valeureux, et par eux nous donne la paix victorieuse, telle que l'exige la justice et la sainteté de la cause!

Toujours de tout cœur

Tout vôtre

A. DE NEIRE,
Chancine régulier de Latran,
Secrétaire.

Evéché
de
POITIERS

Poitiers, le 15 avril 1916.

Mon Révérend Père,

Monseigneur me charge de vous remercier pour la bonne pensée que vous avez eue de recueillir et de publier quelques-unes des lettres que vous ont adressées les « Jeunes » du Bocage.

Ces jeunes gens que Sa Grandeur aimait tant à voir, bénir et encourager, ont montré sur les champs de bataille, qu'en eux vit toujours la foi qui a fait de leurs ancêtres des géants. A leur tour ils se montrent des héros, ils sont de ceux qui « TIENNENT » jusqu'à la mort, car en leur cœur vit l'immortelle espérance dans le Dieu qui aime la France et a toujours récompensé le sacrifice.

Il me semble qu'avec toutes ces lettres on pourrait composer un livre qui aurait une valeur apologétique de premier ordre.

Ce livre, vous le ferez avec amour, j'allais dire avec piété, et assurément il montrera à tous comment le christianisme fortifie l'âme et la rend joyeusement capable de remplir les devoirs les plus durs.

Veuillez agréer, mon Révérend Père, l'expression de mes respectueux sentiments.

P. LE GUICHAOUA.

# INTRODUCTION

Nos « Jeunes » du Bocage se présentent très bien tout seuls et n'ont pas besoin, semble-t-il, qu'un autre leur rende ce service.

Alors, à quoi bon une préface à leurs lettres ? Ils trouveraient eux-mêmes bien prétentieuse l'idée de présenter pompeusement ce qu'ils ont écrit avec tant de simplicité. Quelques mots d'introduction, pour expliquer comment a germé l'idée qu'on réalise aujourd'hui, suffiront amplement.

Les rêveries du pacifisme n'avaient point amolli les petits-fils des « Géants de la Vendée » ; car les théories humanitaires et anti-militaristes ne pénètrent pas chez nous jusqu'à présent. Nous ne vivons pas dans les utopies ; nous prenons le monde tel qu'il est et nous savons que la guerre est le grand moyen dont Dieu se sert pour punir et corriger la corruption humaine quand celle-ci en est arrivée à lasser la patience divine. « Il n'y a qu'un moyen — et Veuillot rend ici très bien notre sentiment — il n'y a qu'un moyen de comprimer le fléau de la guerre, c'est de comprimer les désordres qui amènent cette terrible purification. » Or les pontifes du pacifisme, en flattant toutes les passions humaines, vont directement contre le but qu'ils prétendent atteindre et, au lieu d'empêcher les guerres, ils en multiplient les causes...

Mais, déjà, nous voilà lancés ! Arrêtons-nous. Nos jeunes gens nous diront tout cela très bien dans leurs lettres.

Bref, ils sont partis sans avoir besoin, comme d'autres, d'arracher tapageusement le drapeau du fumier où ils ne l'avaient point planté.

Et voilà que, sous ce drapeau toujours aimé et respecté, au milieu de cette terrible guerre où l'on voit tant d'inventions nouvelles contribuer à l'épouvantable carnage, nos braves enfants nous offrent aussi un spectacle nouveau : jamais dans le passé on n'avait vu — du moins aussi généralement — ces relations intimes s'établir entre les presbytères et les armées. Dès le principe, nos anticléricaux s'en alarmèrent et leur effroi se traduisit par un mot qui restera cé-

lèbre : « Il faut laïciser le front ! »
L'idée religieuse semblait à leurs yeux
un péril plus redoutable que l'invasion germaine et la laïcisation s'imposait plus pressante que la victoire.

Donc, après nous avoir demandé de
les bénir à leur départ, nos chers mobilisés ont senti le besoin de conserver
avec leurs prêtres les mêmes relations
qu'avec leurs familles, et ils se sont
mis à nous écrire régulièrement. Il
serait facile de citer plusieurs paroisses où, à peu d'exceptions près,
tous nos jeunes gens s'acquittent de
ces correspondances fréquentes, comme
d'un devoir. Et là, ils racontent leurs
peines nombreuses et leurs joies trop
rares ; ils parlent de leurs longues
souffrances et de leur patience ; ils
font part de leurs inquiétudes et de
leurs espérances ; ils demandent un
conseil et, parfois même, exposent
l'état de leur conscience. Mais, surtout, ils disent leur affection et leur
dévouement envers celui qui a contribué à les faire ce qu'ils sont, de
bons et braves cœurs.

Oh ! qu'elles sont belles, ces lettres,
avec leur orthographe parfois invraisemblable ! Qu'ils sont délicats, ces
sentiments exprimés sans recherche,
avec un mélange de franchise et de
gaucherie qui les rend plus touchants
encore !

Souvent on devine qu'il a fallu un effort bien méritoire. Le pauvre enfant qui nous écrit se rend compte de son peu de savoir-faire ; il a dû vaincre, en plus, sa timidité naturelle, et il s'est dit : « Que va-t-on penser de mon ignorance ? » Cependant il a voulu, lui aussi, dire à son curé ce qu'il y a, là, au fond de son cœur. Alors il s'est fait violence ; n'écoutant que son affection, il a écrit. Et ce sont des choses délicieuses qui ont coulé naturellement de sa plume inhabile. Que de fois l'émotion m'a gagné jusqu'aux larmes, en déchiffrant ces informes bâtons, sous lesquels se révélait à fond une âme très aimante que je n'avais pas encore deviné toute entière !

Sans nous être entendus, mais parce que nous sentions tous au fond de notre cœur les mêmes sentiments paternels, nous avons conservé précieusement ces témoignages d'affection de nos enfants : c'était un large dédommagement des quelques peines que nous avions prises à les former. Or, voilà qu'un jour nous nous sommes avoué les uns aux autres qu'ils sont vraiment bien bons, nos jeunes gens, qu'ils se révèlent vraiment admirables et que nous avons là, dans leur correspondance, des trésors cachés.

L'aumônier des groupes du canton de Cerizay se demanda pourquoi ces trésors resteraient cachés. Oui, pourquoi ? Et pas un de nous ne trouva de réponse.

Dès ce jour la décision fut prise. L'aumônier recueillit nos lettres, auxquelles il joignit celles que de nombreux parents ont bien voulu communiquer ; il en a retiré les pierres précieuses qu'il a enchâssées dans son écrin, après les avoir dégagées de leur gangue et fait tomber les scories.

Hélas ! nos chers correspondants, ils ne reviendront pas tous ! D'un grand nombre d'entre eux, déjà, ces lettres sont tout ce qui nous reste. Un de leurs aumôniers du front, M. l'abbé Bellouard, l'a tristement chanté dans un de ses beaux cantiques de la guerre :

> Ils sont tombés comme des blés,
> Nos enfants, fleurs trop tôt flétries !

Dieu a cherché parmi eux des victimes de choix et il en a trouvé beaucoup, celles qu'il aime parce qu'elles sont généreuses, celles qui réparent nos fautes parce qu'elles sont pures. Les champs de bataille ont bu en abondance le sang de notre belle Jeunesse et nous avons versé des larmes bien amères sur nos enfants que nous ne reverrons plus, sur nos paroisses déflorées, sur nos œuvres découronnées.

Devant ces tombes où, avec nos vaillants soldats, nous avons enseveli tant
d'avenirs brisés et d'espérances déçues,
il en est, paraît-il, qui ont le triste
courage de se frotter les mains en
signe de réjouissance. Cela se passe
« en haut lieu », là où il s'est trouvé
un homme pour prononcer ce mot in-
fâme : « La jeune génération catholique, nous allons l'enterrer dans les
tranchées. (1) »

Laissons les haineux manifester leur
joie satanique en dansant sur les tom-
beaux des nôtres et levons vers le
Ciel un regard consolé.

Ceux qui, dans leurs lettres, ont si
souvent déclaré qu'ils combattaient
*pour Dieu et pour la France* verront
de Là-Haut l'efficacité de leur sacrifice. Ils sont morts glorieusement pour
ces deux grandes causes ; leurs prières
feront germer une nouvelle génération
catholique et ils se réjouiront parce
que leur sang, en expiant les fautes
de la patrie, aura scellé l'alliance de
la France avec Dieu.

L. PASQUIER,
Curé de St-André-sur-Sèvre.

---

(1) Revue pratique d'Apologétique, n° 223
(1er avril 1915) page 41.

# AVANT-PROPOS

Dans son bel article de *La Croix*, du 11 juillet dernier, Pierre l'Ermite demande qu'on ne se contente pas de lancer dans la circulation les pièces d'or qui se cachent dans tous les bas de laine, mais aussi qu'on jette « à tous les vents » la belle semence d'or qui se trouve dans les lettres envoyées du front depuis le début de la guerre.

« La France, écrit-il, ne demande pas « seulement de l'or pour maintenir à « l'étranger l'impression de son iné- « branlable puissance, elle réclame à « ses enfants tout ce qui peut fortifier, « exalter le moral du pays..

« Femmes, mères, sœurs, vieux pa- « rents, qui en temps ordinaire, avez « le droit de savourer seuls dans l'in- « timité familiale les lettres superbes « du héros au front, vous devez au- « jourd'hui les verser comme votre « or dans la circulation nationale.

« Une belle lettre de là-bas, c'est un
« coup de clairon qui fait redresser
« les fatigués et taire les lâches. »

Devant cet appel, il nous a semblé
que c'eût été manquer de patriotisme
que de continuer à savourer seul les
centaines, les milliers de lettres re-
çues de nos braves « Jeunes » du front,
et celles communiquées par leurs aumôniers ou par leurs parents.

Autorisé et encouragé par eux tous,
et cédant à des désirs souvent exprimés, nous avons jugé bon de recueillir non pas toutes les paillettes d'or
que roule ce flot de lettres (le travail
dépasserait les forces et même le courage d'un homme), mais seulement les
« pépites d'or », l'or en barre que sont
les sentiments de foi, de piété, de courage et de bonne humeur, que contien-
nent les plus belles entre toutes de ces
admirables lettres de « Jeunes ».

Le style est simple et alerte. Souvent même on s'étonne avec René Ba-
zin qui parlait naguère dans l'*Echo
de Paris* d'un de nos meilleurs « Jeunes », attaché lui aussi à la terre du
« Bocage vendéen », on s'étonne que de
jeunes gens de 18 à 30 ans, n'ayant
jamais fait que des études primaires,
puissent arriver à une élévation de
pensée et à une correction de style,
que n'atteignent pas toujours ceux qui
ont fait des études supérieures.

Il a bien fallu parfois faire un peu
la toilette de certains mots et de certaines phrases, amputer, rabouter, redresser, mettre quelques points et vir-
gules ; mais ce travail indispensable
a été fait sans jamais toucher en rien
au tour de pensée ni à son expression
qui revêt toujours son caractère d'au-
thenticité, voire même, à l'occasion,
son délicieux goût de terroir.

Certaines lettres auraient gagné en
intérêt, à paraître au grand jour dans
leur négligé de tranchée, dans leur
sans-souci des règles de grammaire
ou d'orthographe. Sous ces airs ébou-
riffés, l'esprit sonnerait ainsi plus clair
et le cœur aurait semblé plus chaud,
mais le but de cette publication aurait peut-être été manqué.

Le but, en effet, n'est pas de di-
vertir coûte que coûte, mais d'édi-
fier le lecteur et de faire passer dans
son âme, ouverte et attentive à ces
voix d'enfants et d'amis, les sentiments de foi solide, de tendre piété,
de patriotisme ardent et aussi de bonne
et saine gaîté dont ces lettres sont
pleines.

Quand, aux longues veillées d'hiver,
on les lira devant la famille réunie autour de la grande table ou sous le man-
teau de la vaste cheminée, quand on

les lira, plus d'une larme tombera des yeux des mamans et des grandes sœurs. Bien souvent on cherchera un nom qui se cache toujours et parfois, croyant l'avoir trouvé, on se hâtera d'ouvrir, pour s'en assurer, la petite boîte où pieusement sont conservées les lettres du petit « gâs » ou du grand frère. Et si on a deviné juste, avec quelle joie et quelle émotion nouvelle on relira dans le texte original la lettre de ce petit soldat qui a fait parler son cœur dans les plus humbles détails et jusque dans les jambages parfois informes de ses lignes.

Qu'on se garde toutefois de le lui apprendre. Du reste, on aura beau insister, jamais il ne voudra reconnaître sa prose dans le journal ou le livre qu'on lui enverra.

Le nom échappera bien souvent ; inutile alors de le chercher longtemps. Il suffira de dire : « C'est un brave, c'est un chrétien, c'est un de nos « Jeunes ».

Et si un étranger parcourt ce précieux recueil et se demande peut-être : « Mais qui donc a recueilli tant de belles choses ? » Qu'importe son nom ? Appelez-le, si vous voulez, M. l'Aumônier, ou plus familièrement le « bon Père », ou mieux encore tout simplement

L'Ami des « Jeunes ».

# CHAPITRE I

## LA MOBILISATION

### AU VILLAGE, A L'EGLISE

Ce n'est pas seulement leurs lettres, c'est aussi leurs actes qu'il faut lire pour connaître nos « Jeunes », ceux-là surtout, réservistes et autres, que la mobilisation vint surprendre dans leurs foyers.

Ceux de l'active nous diront dans leurs lettres aux parents comme aux amis avec quel enthousiasme ils ont accueilli à la caserne l'ordre de partir, avec quel entrain ils ont fait tous les préparatifs du départ, avec quel pieux empressement ils se sont confessés et ont communié, et enfin quelle fête c'était pour eux de voler à la frontière pour remplir leur devoir de chrétiens et de Français.

Ces mêmes sentiments, les aînés les traduiront dans leurs actes, depuis le premier coup de tocsin de la mobilisation jusqu'au départ de la maison de famille d'abord et de la maison de Dieu ensuite. C'est de l'église qu'ils partiront pour la gare, c'est avec le bon Dieu dans le cœur que, tous, ils iront prendre le train.

Aussi bien, tous furent admirables de courage et de générosité. Le souvenir seul de ce qui se passait alors nous émeut encore à un an de distance. Du fond de sa tranchée, l'un de nos braves écrivait, au jour anniversaire du départ:

Je pense à l'année dernière à pareil jour, où les cloches de ce cher pays ont jeté tant d'émoi dans les cœurs. Nos cœurs étaient pensifs : un petit peu de frayeur au début, mais le devoir parlait et notre conscience nous appelait là sur ces frontières...

Ce qu'aucun « Jeune » n'a osé depuis décrire dans ses lettres, un de leurs aumôniers, qui les porte tous dans son cœur de prêtre, les siens et aussi les autres, et qui les a vus à l'œuvre, nous le dira mieux qu'ils ne pourraient eux-mêmes le dire. Ce qu'il a vu chez lui, tous ses confrères l'ont vu chez eux et tout le monde a pu l'observer dans chacune de nos paroisses.

9 octobre 1915.

Afin d'avoir un récit complet et de commencer.... par le commencement, vous me demandez, mon cher Monsieur l'Aumônier, de vous raconter ce qui s'est passé chez moi — parce que cela s'est passé comme partout ailleurs — au moment de la mobilisation.

Nos poilus, sachant que nous y étions, n'ont pas senti le besoin de nous le raconter dans leurs lettres.

Cela se conçoit, mais il en résulte, dès le début, une lacune regrettable et vous m'invitez à boucher le trou. Avec un peu d'imagination, vos lecteurs se figureront que je suis aussi un poilu ; ça m'honorera grandement et ça fera le compte.

La nouvelle de la mobilisation avait couru plus vite que le son du tambour, elle était venue me surprendre au pied de l'autel de la Sainte Vierge ; aussi les roulements lugubres qui bientôt se firent entendre eurent-ils du premier coup tout leur terrifiant effet : en écartant mes derniers doutes, ils me mettaient en face de l'horrible réalité. C'était la guerre !

Tous nous avons éprouvé cette impression d'effroi que nous ne pourrons jamais oublier.

Comme je me pressais d'arriver chez moi, j'entendis le son de nos cloches,

Elles aussi savaient déjà la triste nouvelle. Ce fut d'abord comme un long
sanglot, puis le vent m'apporta par
rafales des hurlements de douleur ; les
cloches semblaient conscientes des dé-
chirements qu'elles produisaient dans
les âmes.

A mon arrivée, elles s'étaient tues ;
mais la grande affiche tricolore éta-
lait sur le mur son sanglant appel
aux armes. On ne la lisait plus ; on
s'en éloignait plutôt comme d'un objet
d'horreur. Çà et là des groupes affo-
lés. Les mères, les épouses, les sœurs
pleuraient. Les pères regardaient fixe-
ment l'horizon avec des yeux hagards ;
ils semblaient cloués au sol dans un
mutisme accablé. Quelques jeunes
gens, ceux qui devaient partir les premiers, allaient d'un groupe à l'autre,
s'efforçant de faire bonne contenance
et paraissant accueillir gaiement la
perspective de leur départ pour l'in-
connu.

A mon approche, ils m'entourèrent,
chacun émettant ses idées, ses conjec-
tures, et me criblant de questions, et
surtout de celle-ci : « Combien de temps
durera la guerre ? » Et ils ajoutaient :
« Ça sera un vrai carnage, mais nous
*les* aurons ! »

Quant à la pensée que nous pou-
vions être vaincus, elle ne vint à l'es-

prit de personne, et, si elle s'était présentée, personne n'eut voulu s'y arrêter.

Cette soirée du samedi, 1er août, fut profondément triste dans toutes les familles.

Chez nous, personne ne devait partir le lendemain ; c'était le lundi le grand déchirement. La journée du dimanche fut donc une journée de préparation. Et d'abord, la préparation de l'âme, la plus importante et la plus pressante. Dès l'aube, les mobilisés entouraient le confessionnal et mettaient ordre aux affaires de leur conscience ; puis ils vinrent s'agenouiller à la Table Sainte.

Avec la Sainte Hostie, la résignation chrétienne et le calme courage rentraient dans les cœurs. A la Grand'-Messe, ces mêmes sentiments se trempaient de force dans les larmes qui coulaient de tous les yeux, quand, la voix étranglée par les sanglots, le pauvre pasteur, père de tant d'âmes, cherchait à remonter les courages en parlant de sacrifice et d'espérance.

Après la messe, les auberges restaient vides, et c'était la cure qui était assiégée. Tous les « Jeunes » étaient là entourant leur curé. Devant lui, ils répétaient, commentaient et déjà appliquaient de leur mieux les conseils reçus à la messe.

Après cette visite, que personne n'aurait voulu manquer, ils se sentaient au cœur plus de force encore et de courage. Et il leur en fallait du courage tout le reste du jour, dans leurs visites d'adieux et surtout le lendemain pour le grand « au revoir ».

Le lendemain, ils vinrent le puiser à nouveau à la Sainte Table. Comme la veille, tous étaient là, à cette messe de départ, dite à leur intention et à l'intention de la France, pour laquelle ils allaient combattre.

Jamais je n'oublierai cette messe de départ ! Cette assistance recueillie dans l'universelle consternation, cette pensée qu'on lisait dans toutes les âmes : « Combien ne reviendront pas ! Combien entendent pour la dernière fois la messe dans la chère église de leur village ! »

Je vois encore le petit sergent du génie, président de la J. C., qui servait si pieusement la messe et que je ne devais plus revoir !! Tous priaient avec ferveur sur les bancs de la « Jeunesse Catholique », où ils s'étaient groupés encore une fois.

Leur curé, d'une voix entrecoupée par l'émotion, fit ses dernières recommandations. « Mes chers enfants, il y en a parmi vous et un bon nombre peut-être qui s'en vont à la mort.

Oh ! je vous en supplie, n'allez jamais au danger sans avoir la conscience bien en paix. Vous aurez des aumôniers, et, à leur défaut, des camarades prêtres et soldats comme vous. Si vous avez quelque inquiétude, allez à eux, priez-les de vous entendre, n'importe où, n'importe comment. Nous ne pouvons vous suivre que par nos prières : elles ne vous manqueront pas. Priez vous aussi et restez bons chrétiens, vous serez toujours bons soldats. C'est la dernière recommandation de votre curé, de votre père, qui vous bénit. Adieu ! »

Puis, tous, sans en excepter un seul, firent la Sainte Communion. Je sais que beaucoup offrirent à Dieu leur sacrifice dans un acte d'abandon à la volonté divine.

Les voitures attendaient pour la gare où j'avais le grand regret de ne pouvoir les suivre. Sur la place, les adieux se firent dans un calme profond : les grandes douleurs sont muettes. Quelques recommandations presque à voix basse, une dernière poignée de main aux amis, un dernier embrassement à la pauvre mère en larmes et l'on part.

Je rentre à l'église pour cacher une émotion que je ne pouvais plus contenir ; un des partants y finissait son chemin de croix. Il me suivit à la sacristie.

— Monsieur le Curé, vous savez ce que j'ai laissé chez nous, ce matin ?

Je le savais trop, hélas ! Nul ne songeait encore aux allocations et il avait laissé, dans une gêne profonde, quatre petits enfants et une mère qui en attendait un cinquième.

— Vous veillerez, continua-t-il, à ce qu'on ne meurt pas de faim à la maison.

Je le regardai plus attentivement, il était pâle comme un cadavre ; des gouttes de sueur coulaient sur son front, mais pas une larme.

— Ayez du courage, mon cher enfant, lui dis-je, Dieu vous gardera, vous et les vôtres.

— Du courage, j'en ai. Je suis entièrement résigné à tout ce que le bon Dieu voudra. Donnez-moi votre bénédiction.

Il tomba à genoux. Je le bénis de toute mon âme, et après l'avoir relevé, je l'embrassai.

— Je prierai pour vous.

— Oui, priez beaucoup. Et maintenant, à la garde de Dieu !

Il partit. Je le suivis encore sur la place. Les dernières voitures s'ébranlaient, sans aucun cri, sans aucune manifestation tumultueuse.

Quelle fut, me demanderez-vous, votre impression sur l'ensemble ?

Mon impression, la voici :

Sur toutes ces figures, calmes en apparence, il était facile de lire une énergique résolution, une volonté irrévocablement ferme : Ah ! semblaient dire nos « Jeunes », ILS veulent que nous nous battions, eh bien ! nous nous battrons et jusqu'au bout, et ILS sauront ce qu'il leur en coûtera.

Je me disais — et l'expérience a montré que je ne me trompais pas — je me disais que nos « Jeunes » feraient bonne figure dans notre IXe corps, le plus brave peut-être de notre vaillante armée française, qui est la première armée du monde.

## A LA GARE

Pendant qu'au foyer les mamans pleurent avec ceux qui restent auprès d'elles, les « Jeunes » se mettent en marche avec les quelques « anciens » qui ont voulu les accompagner jusqu'à la gare. Dans un mouchoir noué aux quatre coins ou dans la vieille valise rapportée de la caserne à la fin du « congé », ils emportent les vivres prescrits par le fascicule de mobilisation du livret militaire.

On parle, on cause de ceux qui restent, de l'arrivée à la caserne, de ce qu'on verra en campagne et même des projets d'avenir au retour. Chacun promet de faire son devoir, et « d'en passer une » aux Prussiens, aux Boches.

A Berlin ! A Berlin !
C'est Berlin qu'il nous faut !

Quelques refrains patriotiques reviennent à la mémoire et montent dans les airs. Aux chants de marche se mêlent bientôt des cantiques, et c'est sur un parcours de plusieurs kilomètres qu'un de nos groupes chante avec un superbe entrain le cantique connu et aimé :

Nous voulons Dieu, Vierge Marie.

On arrive ainsi à la gare bien avant l'heure prescrite. Le train, il est vrai, se fait attendre, comme s'il venait à regret troubler pareille fête. Car c'est un air de fête et non pas l'air de tristesse qu'on aurait pu craindre qui règne sur tous les visages et dans tous les groupes. Allez de groupe en groupe, offrez vos mains de prêtre et d'ami aux mains qui se tendent, vous ne surprendrez pas un mot de plainte ou de colère, à moins que ce ne soit contre Guillaume.

A bas Guillaume !

Pas un blasphème non plus ni même une parole grossière ou choquante: on dirait des pèlerins qui attendent comme autrefois le train de Pitié ou de Lourdes ou comme l'an passé celui de Rome. Et, comme en pèlerinage, tout le monde fraternise, parce que tout le monde partagera les mêmes émotions et aussi les mêmes dangers.

Bras dessus, bras dessous, passent un petit sergent et un séminariste, fredonnant un refrain de circonstance: « Le sabre et le goupillon ». Chacun salue, plusieurs sourient. Même fraternité de cœur et d'âme entre tous les partants: ouvriers et patrons, domestiques et maîtres. C'est déjà l'UNION SACREE avant la lettre, mais la vraie, celle-là, que la guerre ne fera que resserrer et cimentera pour l'avenir.

L'avenir? Tous y pensent, tous en parlent. Tous ou à peu près parlent du retour prochain. On se dit bien pourtant que plusieurs y resteront, mais personne ne croit compter dans le nombre. Et on rit.

Ceux-là même qui ont le pressentiment d'y rester — il y en a — semblent plus gais que les autres. Et pourquoi cette gaieté?

« Pourquoi disait un vieux copain à un « Jeune », pourquoi as-tu l'air si content, toi qui tout à l'heure me disais que tu allais à la mort? » Et le « Jeune » de répondre en découvrant sa poitrine et la main sur le cœur: « Tiens, mon vieux, quand on a ça pur, on n'a pas peur! »

Et traduisant sans le savoir la parole de de Sonis, un autre s'écriait: « Quand on a Dieu dans son cœur, on ne craint rien. »

« Nous l'emporterons avec nous, il nous ramènera bien », répondaient plusieurs autres ensemble.

Quand, à l'heure de passer sur les quais de la gare, l'ami de tous ces braves et saints « Jeunes » moins émus que lui, serre à les briser les mains qui se tendent: « Ne pleurez pas, lui dit-on, le bon Dieu est avec nous; nous reviendrons. Priez pour nous! »

Plusieurs insistent sur ce besoin de prières, l'un d'eux notamment qui, dans la crainte de ne pas pouvoir faire de vive voix ses recommandations et ses adieux, avait écrit la veille:

« Je pars heureux de mon sort. Peut-être ne vous verrai-je plus ici-bas, mais je garde l'espoir pour l'autre côté. Si je tombe là-bas, ne m'oubliez pas... »

L'émotion que faisait naître alors la lecture de ces simples mots se renouvelle ce soir. L'émotion est plus vive, car voilà plus de quinze jours qu'il est « tombé là-bas » et on est sans nouvelles de lui. Quelles mains l'auront relevé pour le soigner s'il n'est que blessé et nous le rendra plus tard ? Quelles mains, s'il est mort, auront enseveli sa dépouille glorieuse, après que celles de Dieu se seront ouvertes à son âme pour l'introduire dans le séjour du repos et de la paix !... (1)

Mais le train est en gare ! Un train, pas comme les autres, avec des voitures qui renversent un peu nos petites idées à nous, pauvres civils, mais qui semblent être de vieilles connaissances pour les soldats qui les saluent en riant. Les mains se tendent plus pressées, les recommandations se font plus instantes ; en un clin d'œil les wagons sont envahis.

On parle, on rit, on chante. Et quand retentit le coup de sifflet et que le train s'ébranle, alors de toutes les poitrines s'échappe le même cri de patriotisme : VIVE LA FRANCE ! VIVE L'ARMEE ! VIVENT NOS SOLDATS !

C'est deux fois par jour jusqu'au vendredi, que se déroule cet inoubliable spectacle. Et toujours même courage et résolution de vaincre, même ardeur aussi avec quelque chose de plus calme et de plus

_______

(1) Quelques jours après, il écrivait que, fait prisonnier le 25 septembre en Champagne, il était interné à Münster en Westphalie.

contenu chez les territoriaux, dont la plupart laissent non seulement une mère bien-aimée, mais aussi une femme et des enfants chéris, pleurant sur un vide immense, qu'ils tremblent de ne jamais voir se combler.

Mais tous, jeunes et aînés, sont animés du même désir de vaincre, d'écraser l'ennemi, et de revenir triomphants, réaliser les rêves d'avenir ou reprendre place au foyer déjà fondé et béni par Dieu. C'est tout cela, tout ce qu'on a de cher au cœur, c'est cette petite Patrie qu'on va défendre avec la grande, là-bas, à la frontière, et pour une telle cause chacun est prêt à donner de son sang et tout son sang s'il le faut.

S'il faut du sang pour ta défense,
Nous serons toujours prêts à combattre, à
[mourir.

Encore un couplet de cantique que, de sa belle voix claire et chaude, chantait l'un des « Jeunes » au moment de partir.

En voilà un que le « cafard » l'odieux cafard ne surprendra jamais, ni à la caserne en attendant l'heure de partir à la frontière, ni en campagne. Au besoin les petits soldats de l'active seraient là pour faire la chasse au « cafard » eux qui, aussi bien avant qu'après leur départ, ont si bien su montrer à tous comment doit agir un Français, un Chrétien, un « Jeune ».

Mais maintenant, à eux la parole.

## A LA CASERNE

C'est toute leur âme de soldats chrétiens qui parle dans les lettres que nos « Jeunes » de l'active envoient de la caserne avant de partir à la frontière. Dans ces lettres ils expriment tout d'abord leur joie d'être allés se réconcilier avec Dieu et de l'emporter dans les combats pour mieux défendre sa cause, mêlée à celle de la Patrie. Ces deux causes trouveront dans nos soldats de nobles défenseurs, toujours prêts à donner leur sang, s'il le faut, pour les faire triompher. Que pourraient-ils refuser à Dieu et à la Patrie, cette « Grand'Maman » qu'ils ont appris à tant aimer et qu'ils se promettent de si noblement venger ?

Aussi, la victoire ne fait aucun doute pour eux. Ils la veulent complète ; les premiers succès la feront croire prochaine et chacun se promet de venir la fêter en famille. Beaucoup sans doute l'achèteront de leur sang, mais si l'au revoir d'ici bas est refusé à ceux-là, il leur reste le « grand revoir » de là-haut, dans la Patrie du ciel.

La pensée du ciel rend moins pénibles les séparations de la terre. A la caserne, personne ne pense à pleurer ; au contraire,

la joie et l'enthousiasme rayonnent partout.
Dans la famille il ne faut donc pas se désoler, ni trop pleurer, ni « s'en faire »; il faut se consoler, prier et espérer.

Tous nos « Jeunes » ont manifesté ces sentiments, en y mettant le meilleur de leur cœur de soldats et de chrétiens. Jugez-en par la lettre de ces deux frères, si étroitement unis et que la mort, hélas! devait un jour séparer. Ils écrivent de Poitiers, la veille de leur départ.

Chers Parents,

Deux mots pour vous annoncer que nous sommes mobilisés. Nous ne sommes pas partis pour cela, mais enfin il faut y compter.

Mon frère et moi, nous sommes prêts à partir. *Nous faisons le sacrifice de notre vie à la Patrie, de grand cœur,* si cela est utile pour sauver son honneur et son indépendance.

Nous savons fort bien, chers parents, que cela vous fera beaucoup de peine, mais puisque Dieu le veut ainsi, il faut se résigner et faire contre fortune bon cœur.

Offrez, chers parents, vos fils que vous aimez et qui vous aiment aussi, et soyez fiers de savoir qu'ils feront toujours leur devoir jusqu'au bout.

" Cessez donc de pleurer, et consolez-vous les uns les autres puisque les pleurs n'avancent à rien.

Recevez, chers parents, tous nos meilleurs baisers.

Trois jours après, le 4 août, c'est l'aîné des deux, qui écrit à son tour, à la veille du départ. Il précise ce qu'il faut comprendre par devoir et comment, lui, il entend le remplir.

Chers Parents,

Vous devez sans doute toujours penser à nous et vous demander : Aujourd'hui, où sont-ils ? Tranquillisez-vous et séchez vos larmes.

Vous ne vous imaginez pas avec quelle joie nous accueillons la nouvelle de la guerre. Nous partons tous en chantant, *heureux de pouvoir prendre notre revanche de 70*, cette revanche qui reste toujours gravée dans la mémoire, bien plus encore chez vous que chez nous.

J'admets que c'est triste, mais pas pour nous, au contraire. Je pars, ainsi qu'Alexandre, le cœur content avec l'espoir de revenir victorieux. Pour vous, je comprends que vous ayez le cœur gros, et je le sais...

C'est demain que nous partons. Je suis allé voir l'abbé B... avant de quitter Poitiers et je pars ainsi que mon frère, la conscience tranquille et j'espère que Dieu nous protègera.

Je suis passé caporal depuis deux jours...

Au revoir donc, chers parents, que Dieu vous bénisse et qu'il vous protège pendant notre campagne, afin que l'on puisse se retrouver ensemble après avoir *défendu sa patrie, vengé ses ancêtres et servi son Dieu,* en un mot *après avoir fait tous ses devoirs de vrais chrétiens et de bons patriotes.*

Ne pleurez pas pour nous, pleurez plutôt pour vous, bien que ce soit inutile, car ça ne remédiera à rien.

Votre fils qui vous embrasse tous de tout son cœur.

Alexis T.

« Ne pleurez pas..., séchez vos larmes, » etc. Et aujourd'hui, les larmes coulent des yeux de celui qui transcrit ces admirables paroles de piété filiale et de courage patriotique, et depuis que sa pénible mission est remplie, que de larmes dans la famille de ce soldat courageux, véritable héros et chrétien parfait.

Parti avec les galons de caporal, il avait gagné ceux de sergent et d'adjudant au cours de sa longue et dure campagne de quatorze mois.

Dans une élogieuse citation à l'ordre de la Division, du 2 avril dernier, le général l'appelait « soldat de premier ordre ».

Les qualités du soldat se retrouvèrent toujours dans le chef: A l'attaque du 8 octobre il veut payer de sa personne et à lui seul il repousse plusieurs attaques. Blessé à l'épaule, il veut rester au milieu de ses hommes pour les aider à vaincre le dernier effort de l'ennemi ; c'est alors qu'une balle le frappe à la tête.

La palme des braves va rejoindre bientôt l'étoile d'argent de la Croix de guerre de l'héroïque adjudant, qui a si noblement défendu sa patrie, vengé ses ancêtres et servi son Dieu ! Ce fut son unique ambition.

C'était aussi l'ambition de tous les fiers soldats de notre beau 125e, le jour où ils partaient de Poitiers, avec la bénédiction de Monseigneur l'Evêque, après l'émouvante manifestation de la Place d'Armes.

A Angers, les sentiments sont les mêmes au 135e d'infanterie comme au 33e d'artillerie, au 20e dragons et au 6e génie. Partout, dans toutes les casernes, c'est un égal entrain à préparer les équipements, et le même empressement aussi dans les églises pour la préparation des cœurs et des âmes.

« Nous n'attendons plus que le signal du départ. Les voitures de toutes sortes sont alignées dans la cour,
les ballots empaquetés, les ustensiles
de cuisine, la paille, etc.

Il règne une certaine effervescence
à Angers ; il faut voir le public mas-
sé le soir sur les places dans l'attente
des dépêches...

Pour nous, militaires, nous envisa-
geons l'avenir avec le plus grand calme. On dirait même que c'est avec
un certain plaisir que nous recevons
l'ordre de partir ; et pourtant, quel
triste carnage nous allons faire !.... »

Quel triste carnage ! On y pense à côté,
au 33e d'artillerie et on s'y prépare.
Jugez-en par les quelques mots que, le
29 juillet, adresse à son beau-frère, lors
de son retour précipité à Angers, un jeune
maréchal des logis.

J'ai peu de temps, mais je veux
t'envoyer un mot. Je suis un peu éner-
vé comme toute la garnison. Nous nous
mettons sur le pied de guerre en attendant l'ordre de la mobilisation. Peut-
être es-tu déjà convoqué... Je te le
dis à toi, c'est décidé, nous allons nous
battre. Je viens de chercher mon
contrôle de mobilisation. Je marche
en deuxième ligne.

Tranquillise maman et les sœurettes. Nous ne sommes pas perdus
pour ça. Il faut se battre, nous nous
battrons.

P. S. — Excuse mon écriture, ce
sont les nerfs qui marchent. Nos sabres sont aiguisés depuis ce matin ;
*c'est du sang qu'ils boiront !*

Ce que le vaillant maréchal-des-logis
ne dit pas (il le dira plus tard), c'est que
pour « donner à boire à son sabre » il
sollicitera et obtiendra la permission de
partir avec une blessure au pied qui
l'oblige à échanger sa botte contre une
modeste pantoufle ! Ça ne l'empêchera pas
de faire campagne et de décrocher lui
aussi la croix de guerre.

Le lundi suivant, un autre artilleur annonce à un vieil ami, qu'il part : il est
prêt et il ne faut plus songer qu'au devoir :

Maintenant, tout est fini, c'est la
guerre certaine, inévitable à laquelle
nous nous sommes préparés tous les
jours. Mercredi nous partons pour la
frontière.
Triste pensée que celle de la guerre,
la guerre maudite ! Mais peu importe :
le devoir nous commande, il faut partir. Maintenant ne songeons plus qu'au
devoir.

J'ai eu le bonheur de me confesser et de faire la Sainte Communion, par conséquent, je dis fièrement : Je suis prêt.

Nous irons jusqu'au bout. Le bon Dieu est avec nous, Il nous gardera, Il nous aidera dans nos malheurs, nous n'avons donc rien à craindre. S'il faut mourir, je mourrai heureux, car j'aurai fait mon devoir.

Vous ne sauriez vous figurer le spectacle qu'offrent les quartiers d'Angers ! Et quel spectacle ne doivent pas offrir nos campagnes !

La pensée de mon village, de mes parents m'attriste bien plus que la pensée de la guerre. Que Dieu leur donne le courage de surmonter leur chagrin !

Et maintenant, au revoir, cher ami. Cette courte lettre écrite en hâte sera peut-être la dernière. Recevez-la d'un cœur qui vous aime et qui vous demande de prier pour lui. Je vous embrasse.

Les mêmes sentiments d'ardeur patriotique et de tendresse filiale se retrouvent dans cette lettre d'un petit dragon, dont l'humeur guerrière et la bonne gaieté ne se démentiront jamais.

Cette fois, c'est fait, l'on part demain soir, à 6 heures. On a commen-

cé à mobiliser hier soir. Je vous dirai que c'est un vrai chambard...

Ce matin, on est sorti de 4 h. à 6
heures pour aller à la messe, ceux
qui voulaient. Je suis sorti avec plusieurs camarades : on s'est confessé
et on a communié. Je suis allé ensuite
dire au revoir à ma petite sœur.

Chers Parents, il ne faut pas trop
vous alarmer. Je pars, moi, avec bon
espoir de revenir et je ne m'en fais pas
pour l'instant. On est tous égaux, et
c'est tout de même moins dur pour
nous que pour les pauvres réservistes
qui arrivent, laissant chez eux femme
et enfants. Il faut s'y soumettre, c'est
le devoir, il n'y a pas à reculer.

Au revoir, chers parents, au plaisir
de se revoir ; ce sera une grande joie,
mais je ne sais pas quand, par exemple !

Votre fils qui pense en vous plus que
jamais et qui vous embrasse de tout son
cœur.

V. F.

Les adieux aux vieux parents, au village et au clocher empruntent parfois
des accents touchants ; témoin cette autre lettre où un jeune cuirassier de Tours,
compatriote et grand ami du fier dragon,
laisse parler son beau et bon cœur de fils et
de soldat.

Chers Parents,

Aujourd'hui, les pleurs dans les yeux et la joie au cœur, je prends un petit moment pour vous envoyer de mes nouvelles. Elles ne sont pas très bonnes, et vous vous en doutez, sans doute.

Je viens de rencontrer un voisin qui, lui non plus, n'avait pas le sourire aux lèvres ; il m'a dit que vous connaissiez vous aussi la nouvelle de la mobilisation générale depuis hier soir...

Va, petite lettre qui, plus heureuse que moi, iras revoir ce vieux M..., ce vieux village du D... et vous tous, parents chéris, que malheureusement je ne reverrai peut-être plus jamais, si la guerre a lieu.

Je me joins à vous autres tous, pour prendre part au chagrin général. La maison ne sera pas joyeuse, et d'ici quelques jours, il s'y fera un grand vide, quand mes trois frères seront partis. Il me semble le voir d'ici.

J'ai reçu vos lettres, vous me dites de me mettre sous la protection du bon Dieu et de la sainte Vierge. Eh bien ! hier soir, je suis sorti en ville. J'ai été me réconcilier avec Dieu. Je me suis confessé et maintenant je partirai le cœur content, le front haut et fier. Si je dois aller au feu, j'affronterai le danger avec courage et résignation ; si je dois mourir sur le champ de bataille, je mourrai content, car je sais que c'est pour la Patrie et pour Dieu que je mourrai.

On va partir demain soir, du côté de Mézières, dit-on. Pour le moment, on ne se fait pas de bile au quartier, et sûrement moins de bile et de tracas que ceux qui vont rester dans ces campagnes, où dans cinq ou six jours, tout sera dévasté, et où la misère régnera bientôt en maîtresse...

Espérons que ça se passera mieux qu'on ne s'y attend et qu'on aura le bonheur de se revoir tous après la guerre. On a toutes les chances d'être victorieux, car toutes les puissances se mettent contre l'Allemagne et l'Autriche.

Non, je n'aurais jamais cru que la guerre serait venue pendant mon service militaire. Depuis le temps qu'on en parlait et que ça ne venait jamais. Enfin, nous y voilà tout de même venus, et c'est l'heure où notre sort va se décider.

Si on ne doit pas revenir tous, espérons qu'un jour, on se retrouvera tous Là-Haut, dans les Cieux... J'espère rencontrer mon frère A... à la frontière.

Je termine ma lettre pour vous dire un au-revoir, qui pourrait être le dernier. Au revoir à tous, frères et sœurs, à vous surtout, père et mère chéris.

Croyez en la bonne affection de votre fils qui vous embrasse tous, et qui ne vous oubliera jamais.

V.

Le lendemain, 3 août, au moment de quitter Tours, le même soldat crayonne deux mots pour redire encore de se « reconsoler ».

Un dernier mot avant de partir. On embarque à minuit et l'on part demain matin, à 6 heures. Où va-t-on ? On n'en sait rien.

Surtout, chers parents, et vous surtout, chère maman, reconsolez-vous ; pour moi, je pars la joie au cœur. Ce matin, on a eu le bonheur d'aller communier ; maintenant je me mets à la disposition du bon Dieu.

Espérons revenir de cette malheureuse guerre qui ne durera sans doute pas longtemps, mais sûrement trop longtemps.

Je termine en vous souhaitant bon courage. Au revoir. Votre fils qui de loin vous embrasse de tout cœur.

V. G.

Quand la lettre part d'une garnison-frontière, les sentiments qu'elle renferme ont quelque chose de plus beau et de plus tendre encore. C'est alors le cœur tout entier qui parle; il reste fort devant le danger que demain sans doute il va falloir affronter, il trouve des délicatesses touchantes; quand le soldat s'adresse à des parents qu'il a le presentiment de ne plus revoir ici-bas. C'est de Glorieux, près Verdun, que partait, le 31 juillet, cette lettre qui a dû faire couler bien des larmes dans une famille, dans laquelle on devait tant pleurer quelques mois plus tard.

Cher Papa, chère Maman,

Chèrs Frères et chères Sœurs,

Ce matin on a eu le réveil à 2 h. pour partir à la guerre. Voilà 5 h. et on attend l'heure du départ. Il y en a qui s'en vont déjà.

Chèrs Parents, puisque la France nous a pris à son service, pour le bonheur de la Patrie, s'il faut partir on partira. Je serais pourtant bien content de vous revoir avant de partir au combat, mais comme ce n'est pas possible, je me résigne, pour la France et pour Dieu, à vous faire mes adieux d'ici.

Il faut espérer que le bon Dieu et la Sainte Vierge me garderont pendant la guerre.

Chers Parents, je vous ai peut-être fait quelques petites peines, mais je vous prie de me le pardonner. Si je meurs au combat, *je prierai pour vous lorsque je serai rendu voir les anges et les saints dans le Paradis.*

Cela ne m'empêche pas de prier pour vous dès maintenant ; je ne vous oublie point, je prie toujours pour vous.

Je vous fais mes adieux, mes bien chers Parents, chers Frères et chères Sœurs. Je vous aimais tant, et me voir obligé de me séparer de vous sans vous voir, pour aller me faire tuer sans me demander pourquoi !

Enfin, si je meurs, j'espère que le bon Dieu me recevra au nombre de ses élus ; car, vous savez, *ce n'est pas un déshonneur de mourir à la guerre.*

Je vous fais donc mes adieux, chers Parents, ne m'oubliez pas dans vos prières. Souvenez-vous de votre fils et frère bien-aimé qui va mourir à la guerre.

Votre bien-aimé qui vous embrasse de tout son cœur, de bien loin mais bien fort.

Adieu, cher Papa, chère Maman, chers Frères et chères Sœurs, j'espère vous revoir un jour, là-haut, avec un bonheur centuplé. Priez pour moi, je prierai pour vous.

Edmond GAZEAU.

P. S. — Adieu, l'heure fatale est sonnée.

Seule la pensée du pays en détresse et de la famille en larmes vient troubler, dans nos chers « Jeunes » la joie qui rayonne autour d'eux et qui surtout jaillit de leur cœur purifié par la Pénitence et habité par le Divin Maître. Cette pensée devient parfois une douleur, quand le soldat laisse une vieille mère, veuve, sans appui et presque sans ressources dans une maison déserte. C'est alors que le cœur vibre de toutes les tendresses de l'affection filiale :

Chère Bonne Maman,

Toujours l'idée vers mon pays et songeant surtout à vous, je vous écris encore ce soir, car je songe combien cela doit vous faire plaisir.

Je vois tous les gens de M... dans la misère et tout ce pays désert, à présent.

Pour votre fils chéri, maman, ne vous inquiétez pas, car je suis bien prêt à aller sur le champ de bataille et à paraître devant Dieu.

Dimanche dernier, nous avions, de 6 à 8 heures du soir, la liberté de sortir en ville. A ce moment même, j'ai assisté au salut du Saint Sacrement et je me suis préparé à mourir en me confessant.

Chère maman, à présent, ne m'oubliez pas dans vos prières... Ce qui me reconsole, c'est d'avoir à ma compagnie beaucoup de jeunes gens du pays, et surtout mon brave cousin Joseph, qui est tout auprès de moi.

Je vous remercie, maman, de ce que vous m'avez donné, ; j'ai certainement assez d'argent.

Je vais écrire aux parents, pour leur dire au revoir et adieu peut-être, malgré que j'aie grand espoir de revoir mon pays natal.

Je termine, chère maman, je vais manger la soupe ; je me sens toujours très vigoureux. J'espère que vous êtes, vous, toujours en bonne santé. Surtout, ne vous chagrinez pas trop. Bonjour aux voisins, qui doivent bien, eux aussi, être chagrins.

Votre fils qui est très heureux de faire comme son père. Adieu. Je vous embrasse bien fort.

Joseph.

Le père avait fait toute la campagne de 1870 et s'était distingué par sa bravoure. Le fils s'est montré digne du père. Il donna la mesure de sa valeur au siège de Bièvre, le 22 août, où, après une rude mais hélas! très douloureuse journée, il resta aux mains de l'ennemi. Il est interné en Bavière.

Ce jour-là, son « brave cousin Joseph », lui, la perle des « Jeunes » qui d'ailleurs en avaient fait leur président, devait échapper au danger; mais le jour de l'Ascension le Divin Maître devait l'emmener avec lui, au ciel!

C'est par une invitation à lever les yeux au ciel pour y puiser la confiance en la bonté et la puissance de Dieu et de la Sainte Vierge que se terminent la plupart des lettres adressées par nos chers soldats à leurs parents et surtout à leur mère désolée.

Voici encore une page qui, sans nul doute, ne reflète pas les sentiments du pays où elle a été écrite. Elle porte au travers de l'entête cet acte de foi et de confiance:

« La Sainte Vierge me protègera, j'ai pleine confiance en elle. »

### Bien chers Parents,

Le moment pour nous de partir est arrivé. Ce soir, 5 août, nous embarquons pour je ne sais où, probablement pour D... et ensuite pour la frontière.

En tout cas, ne vous tracassez pas ;
nous ne subirons pas le premier choc,
et comme infirmier je risque peut-
être moins.

Je vois quelle panique ça doit être
là-bas, tous les hommes étant partis.
Enfin, c'est partout la même chose.
Nous reviendrons, allez ; nous sommes
plus forts que l'ennemi.

Ne vous faites pas de mauvais sang,
nous ne souffrons pas pour nous-mêmes, mais à cause de vous tous, la
famille. C'est un devoir, je serai courageux jusqu'au bout comme tous mes
camarades. Soyez assuré qu'en tout
temps je n'oublierai jamais mon devoir de chrétien.

J'ai la médaille du scapulaire, une
médaille en or qu'on m'a donnée et
une médaille de la Sainte Vierge, le
tout sur ma poitrine.

Si je meurs, ce sera toujours la
conscience bien tranquille.

Ne vous effrayez pas, je serai courageux, nous nous entraînons les uns
les autres. Et comme la guerre ne peut
guère durer plus d'un mois et demi
ou deux mois, (l'Allemagne n'a pas
d'argent) ( ! ! ! ) nous vous reviendrons victorieux et pour toujours.

Au revoir, chers parents, priez bien
pour moi, j'en ferai autant pour vous.
Vous n'êtes pas les seuls à souffrir

puisque l'inquiétude est à chaque porte.

Je vous embrasse bien tendrement.

Votre Joseph qui vous aime.

Dans le but toujours de calmer les alarmes et les inquiétudes des pauvres parents, nos chers soldats se feront parfois, dans leurs lettres, l'écho des bruits les plus invraisemblables, auxquels du reste ils ne croient pas eux-mêmes. Mais si seulement ils arrivaient à sécher les larmes dans les yeux des pauvres mamans et des grandes sœurs! L'un d'eux, rappelé précipitamment dans sa garnison de l'Est, s'empresse d'écrire chez lui que « la paix est signée, puisque la Serbie s'est arrangée avec l'Autriche, d'après une dépêche reçue par le « colon ». Et il conclut: Il n'y a donc rien à craindre pour le moment. C'est bien fini. »

« Malgré tout, ajoute-t-il, nous allons rester à la disposition de nos chefs; puisque nous sommes sur le pied de guerre, et cela jusqu'à ce que les traités soient bien conclus. Donc, chers parents, vous pouvez vous tranquilliser, et ne rien craindre à ce sujet maintenant. J'espère que cette lettre vous rassurera, c'est du reste mon plus grand désir, car j'ai beaucoup d'inquiétudes à la pensée de vous savoir avec des ennuis et du chagrin... »

Huit jours après il insiste et recommande de ne pas se fier aux journaux, car il y en a qui publient de fausses nouvelles. « Si la France a mobilisé, explique-t-il, ce n'est pas pour faire la guerre, c'est tout simplement pour ne pas se montrer ingrate envers ses alliés et pour faire respecter ses droits : ça se comprend assez facilement...»

Et pourtant les journaux ont dit vrai, en publiant la déclaration de guerre. Alors le cher enfant se rabat sur le peu de valeur guerrière des Allemands, sur la grande valeur des Belges pour prouver que la Prusse sera exterminée avant qu'il ait à rentrer, en ligne. Hélas ! Hélas !...

Vous avez certainement vu sur les journaux la déclaration de guerre, mais il n'y a pas eu encore de combats entre Français et Allemands, sauf un peloton de uhlans, qui a été pris par trois chasseurs à cheval, qui en ont tué cinq et fait deux prisonniers. Quelle honte pour les Allemands : 35 battus par 3 !

La ville de Nancy a reçu dernièrement 150 Alsaciens, venus d'Allemagne. Toute l'Europe est coalisée contre les Allemands. Les Anglais viennent de débarquer pour nous prêter main-forte. Toute une armée allemande de cent mille hommes vient d'être battue par les Belges : en un mot ils sont déçus partout...

Pour nous, nous faisons partie de la troisième armée ; il y a donc des milliers d'hommes à se battre avant nous, il est bien probable que la Prusse soit exterminée avant que nous ayons à partir. Seulement il faut nous tenir sur nos gardes.

Quelques jours après, au reçu d'une lettre toute chargée encore de chagrin, de tristesse et d'inquiétude, il renouvelle ses instances, appuyées sur les mêmes raisons. Il avoue que pour lui la guerre sera très longue et qu'il faudra prendre l'ennemi par la famine. Et il s'écrie : « Je ne crains pas la guerre, vous pouvez être tranquilles à mon sujet, j'ai pris toutes mes dispositions ». Henri BIBARD.

D'une garnison-frontière, située dans une ville qui n'a jamais été souillée encore par les bottes de l'ennemi, et qui ne le sera pas, quoi que fasse sa Petite Majesté le Kronprinz, un vaillant soldat du 165e, annonce, dès le 29 juillet, à son père les bruits de guerre et les préparatifs déjà faits.

### Mon cher Père,

Vous aurez sans doute entendu parler de tous ces bruits de guerre qui circulent depuis quelques jours. Si c'est chez vous comme ici, le civil sera plus malade que si la guerre était déclarée : il est vrai qu'ici c'est la frontière. Mais enfin, avant de se lamenter ainsi il faut attendre que la guerre soit déclarée.

Je pense que le bruit ne s'en est pas répandu là-bas comme par ici, mais les permissionnaires sont tout de même rappelés. Il est juste, en effet, de ne pas attendre qu'on soit certain de la guerre pour se mobiliser : Pour guetter un adversaire il faut être prêt à le combattre.

Maintenant tout va dépendre de l'Allemagne ; si elle veut aider lAutriche à battre la Serbie, la Russie lui tape sur la gu... et la France suivra.

J'espère que ça n'arrivera pas, mais si la justice et le droit le veulent ainsi, je *vous promets d'y aller de grand cœur*. Je tâcherai de conserver mon sang-froid pour tuer le plus possible de Prussiens. Sans oublier personne, je risquerai volontiers ma peau.

Ne vous en faites pas, on n'y est pas encore. Je suis toujours en bonne santé et je ne me fais jamais de bile.

Le 3 août, il confirme les nouvelles et dit avec quel cœur il défendra toujours sa religion et sa Patrie.

Je crois que le moment fatal est arrivé. Depuis quelques jours une partie des troupes de la garnison sont à la frontière et brûlent d'envie de passer en Allemagne. Les chasseurs à pied ont déjà fait prisonniers quelques uhlans qui dépassaient la limite. Les chefs ne peuvent plus les retenir : ils veulent avancer à tout prix.

Quant à moi je ne suis pas plus en danger que s'il n'était pas question de guerre. Nous ne partirons que lorsqu'il y aura des coups de feu échangés ; les artilleurs nous remplaceront dans les forts et nous prendrons position sur la deuxième ligne de feu.

Ce qui donne beaucoup de courage et d'entrain dans les cœurs français, c'est que l'Allemagne se voit déjà anéantie, et c'est une chose certaine.

La mobilisation est à peu près terminée ; tous les réservistes et territoriaux jusqu'à 48 ans sont rappelés et arrivés au rendez-vous : ce sont les plus acharnés...

La guerre était inévitable. Aussi, pas de meilleur moment pour prendre l'Allemagne, afin qu'elle nous laisse tranquilles ensuite. Il faudra sans doute verser son sang, mais *c'est pour la Patrie*, on n'y regarde pas. On ne demande qu'une chose, c'est que la guerre commence tout de suite ou que la paix soit signée.

Mon cher père, je vais maintenant vous dire adieu à tous, car si on va au combat avec l'espoir de revenir, il y a bien des chances aussi d'y rester. Enfin, si je meurs, vous aurez la consolation d'avoir un fils mort sous les drapeaux pour le salut de la France.

Adieu donc, adieu à tous les parents et amis, à M. le Curé, que je n'oublie pas. Vous prierez et je prierai pour qu'on puisse tout de même se revoir encore.          Louis F.

C'est pour la France, c'est pour la Patrie, pour la rendre plus grande et plus belle, digne d'elle-même et de son glorieux passé que nos vaillants soldats vont se battre. On sent parfois dans leurs lettres l'impatience de partir à la frontière, et l'on entendra comme un écho du clairon qui sonne la marche et même déjà des chants de victoire.

Deux artilleurs font retentir la même note militaire de deux garnisons différentes en écrivant à leur bon curé.

Nous voici sur le pied de guerre. Nous n'attendons plus que le commandement: En avant. Nous sommes tous prêts et nous marcherons à la victoire. Nous la ferons victorieuse, notre Mère Patrie, que tous, jeunes et vieux, nous aimons de toute notre âme et que nous défendrons jusqu'à notre dernier souffle.

J'ai confiance dans l'avenir, qui montrera de nouveau à l'Europe la France, la grande nation digne du passé.

Je marche avec la certitude de revenir et je ne vous dis qu'au revoir. Si toutefois l'avenir m'était funeste, je vous demande d'avoir toujours pour moi un souvenir dans vos prières.

Je vous quitte, cher et bon Monsieur le curé, je pense à vous dans mes prières bien des fois.

Votre ami, E. P.

Au moment de quitter Poitiers, l'autre compatriote écrit au même :

Demain soir, je pars pour V. On part tous le cœur haut, avec l'idée de rapporter avec nous la victoire et la gloire du pays, de ce beau pays de France, notre chère Patrie, avec l'espoir que Dieu nous viendra en aide.

Au revoir, Monsieur le curé, peut-être adieu. On a pourtant de l'espoir. Je vous embrasse de bien loin.

L. P.

L'amour de la grande Patrie, le désir de la défendre et de la venger avive encore au cœur de nos chers soldats l'amour de la petite patrie, du cher foyer qui garde tout ce qu'ils aiment. Il y en a qui attendront jusqu'au dernier moment pour annoncer la fatale nouvelle à leurs parents et qui demanderont à leur curé de les y préparer. Leur curé, n'est-ce pas le confident et aussi le trait d'union de tous les cœurs ?

Mon cher Monsieur le curé,

Deux mots pour me recommander à vous ainsi qu'à tous mes camarades si catholiques. Vous savez comme moi que les affaires ne vont pas.

Ça ne va pas du tout. Tous les officiers permissionnaires sont rentrés, ainsi que les hommes. Les troupes sont consignées au quartier. Ce qui me fait peur un peu, c'est que je vois faire beaucoup de préparatifs qui n'ont jamais été faits. Ce soir, tous les officiers sont réunis avec leurs cartes.

Je n'ai pas besoin de vous dire, cher Monsieur le curé, de prier pour nous, car je sais bien que vous faites tout votre possible...

J'ai bien écrit chez moi aujourd'hui, mais je ne leur ai point marqué ce qui se passe dans nos régiments. J'espère que Dieu nous gardera de tout danger.

Au revoir, cher Monsieur le curé, et bien des recommandations à la J. C. de là-bas.

Gabriel

P.-S. — C'est bien nous qui recevrons les premiers coups de fusil.

Hélas! oui; il était de la division de fer, et les premiers coups de fusils devaient faire, dès le 20 août suivant, une victime de la guerre de ce bon et charmant soldat, au cœur pétri d'affectueuse tendresse pour ses chers parents, de foi et d'amour pour son Dieu. C'est tout son cœur de fils et de chrétien qui se montre dans cette lettre du 1er août :

Mes bons et chers Parents,

Ce soir, ici, comme chez vous sans doute, la mobilisation est sonnée. Jusqu'ici je suis heureux et ne me fais de bile que pour vous, vous qui avez été si bons pour moi, pour moi qui n'ai pu vous faire que si peu de bien !

Au cas où je ne retournerai pas, je vous en supplie, mes chers frères et toi aussi, chère sœur, je vous supplie de bien soutenir papa et maman ainsi que grand'mère qui ont été si bons pour moi. Pensez à toutes les peines qu'ils se sont données pour nous. Je vous supplie de leur gagner leur pain sur leurs vieux jours pour qu'ils puissent alors n'être pas trop malheureux.

Dites bien à toute la famille que je pense à tous. Surtout, reconsolez-vous pour moi. C'est vrai que c'est bien dur de me voir partir, mais moi je ne sais pas ce qui me donne du courage, mais ça ne me fait pas de peine.

Aujourd'hui, je suis encore allé plusieurs fois au pied de l'autel ; c'est là que je prends mes forces. Il ne me semble pas que je vais partir à la guerre.

Mes chers parents, ne soyez pas chagrins. Si vous étiez à la place de ces gens qui sont ici, vous seriez bien plus à plaindre. Espérons toujours, mes chers parents.

Gabriel BECOT.<br>qui vous embrasse bien fort.

Au pied de l'autel, c'est là que je prends mes forces ! C'est là que le cher enfant « se sent comme chez lui » ! Il l'avait dit un jour dans une lettre qui a fait l'admiration de plusieurs maisons religieuses et qui sera publiée en son temps.

Quelques jours avant la mobilisation, pendant les manœuvres, il avait écrit à son curé pour lui dire sa joie d'avoir visité l'église du hameau où se faisait la halte, et son bonheur de trouver partout dans toutes les maisons où logeait le capitaine, dont il était l'ordonnance, des catholiques pratiquants avec qui il se plaisait à causer. « Souvent, disait-il, il y en a qui n'osent pas causer d'affaires de religion aux soldats, mais moi je vous assure que je n'ai pas peur de m'affirmer le catholique que je suis ».

Le capitaine pouvait avoir confiance en son ordonnance. Sa confiance ne fut pas trompée, et le soldat vendéen qu'il aimait tant lui resta fidèle jusqu'à la mort, préférant mourir à son poste que se rendre. Cet officier savait quelle force et quel courage son ordonnance puisait dans sa foi et dans son amour du bon Dieu.

Nombreux étaient les officiers qui comprenaient ainsi les sentiments de ce brave soldat et cherchaient à les inculquer aux hommes placés sous leurs ordres.

Voilà ce qu'écrit de son chef un réserviste sur le point de partir à la frontière :

Dans la pièce où je me trouve, nous sommes 26 hommes ; sur ce nombre, il ne s'en trouve que deux ou trois qui paraissent sérieux ; ils sont en général bien patriotes.

Nous avons pourtant un bon capitaine. Samedi dernier, il nous a tous réunis ; nous sommes 175 environ. Il nous a beucoup exhortés à ne pas partir sans avoir la conscience tranquille. Il a dit à ceux qui étaient indécis d'aller tout de même voir le prêtre, çà ne leur ferait pas de mal.

Le dimanche matin, l'appel fut retardé pour permettre d'aller à la messe de 6 heures ; le capitaine était l'un des premiers dans l'église.

Quand vous passerez chez nous, cher Monsieur le curé, dites à ces chers parents des paroles de consolation et

de confiance. Nous leur reviendrons
bientôt, après avoir fait notre devoir
envers la Patrie...

Je vous quitte en vous demandant
l'appui de vos prières pour trouver la
confiance et le courage, si jamais cela
venait à nous manquer partout où nous
passerons.

Votre enfant qui vous embrasse bien
affectueusement.

,HENRI.

Un capitaine qui sait comprendre ainsi ses devoirs de chef et joindre l'exemple à la parole pour mettre sa conduite à
la hauteur de ses convictions chrétien-
nes a le droit non seulement d'exiger de
ses hommes, la soumission complète aux
exigences de la discipline militaire, mais
aussi de leur demander l'accomplisse-
ment du devoir, alors même que le
devoir va jusqu'au sacrifice. Et ses hommes peuvent avoir confiance en lui, ils
le trouveront toujours sur le chemin du
devoir et de l'honneur.

Souvent dans leurs lettres, nos « Jeunes » parleront de leurs chefs avec un
respect mêlé parfois de vénération, quand
dans ces cœurs de soldats, ils sentiront
battre le cœur d'un chrétien. Mais il
leur sera difficile souvent de deviner
toute la beauté et la noblesse de leur
âme.

Cette âme s'est révélée parfois, témoin celle de ce jeune lieutenant qui, à la veille de quitter sa garnison, confie ses sentiments de chrétien et de soldat à une modeste feuille de papier retrouvée plus tard dans son sac, après sa mort.

Je vous demande, Seigneur, de me donner la force d'accomplir toujours courageusement et dignement mon devoir d'officier en toute circonstance.

Donnez-moi ces qualités de sang-froid et d'esprit de décision si nécessaires dans les circonstances délicates qu'il me sera, comme à mes camarades, donné de traverser.

Protégez ma vie, non pour moi mais pour les miens qui prient, souffrent et pleurent tandis que je lutte à la fois pour ma Patrie et la Justice.

Eloignez de moi toute tentation d'orgueil ou de jalousie pour une action sortant du commun ou des camarades plus heureux.

Donnez-moi la paix, la simplicité et l'amour de la Justice et de la Vérité.

Gardez à mon âme le calme qui doit être celui d'une conscience chrétienne de soldat sans peur et sans reproche.

Faites-moi souvenir que le vrai courage réside moins dans une action d'éclat — dans laquelle nous ne sommes que l'instrument de Votre Providence — que dans le devoir fermement et modestement accompli de chaque jour.

Par l'intercession de la Bienheureuse Vierge Marie, de mes Saints Patrons Joseph, Jean et Alfred, de mon ange gardien, de la Bienheureuse Jeanne d'Arc et par les souffrances de votre Sacré-Cœur.

Avec de pareils sentiments au cœur, un officier se conduit en héros et meurt comme un saint, un martyr. Ces nobles sentiments trouvaient de l'écho au départ dans l'âme de la plupart de nos chers « Jeunes ». L'un d'eux les exprime admirablement dans une première lettre adressée de Poitiers à son curé et dans une autre envoyée le même jour à ses parents. Toutes les deux sont empreintes du plus pur esprit chrétien, d'une belle confiance et de la plus tendre piété filiale.

Bien cher Monsieur le Curé,

Ce n'est pas sans une profonde émotion que je vous écris ce matin ces quelques mots. Vous le savez sans doute, la mobilisation est générale en France. Alors, il me semble que c'est le moment de faire appel à toute son énergie de Chrétien et de Français.

Cher Monsieur le Curé, je suis prêt à partir, plein de courage pour combattre et mourir s'il le faut.

Après tout, *notre vie ne nous appartient pas* ; c'est Dieu qui nous l'a donnée et c'est Lui qui en dispose. Que sa sainte Volonté soit faite et non la volonté des méchants.

Espérons que nous retournerons victorieux.

Je n'oublie personne là-bas : ni vous, cher Pasteur, qui êtes vraiment comme un véritable père de famille, ni cette chère « Jeunesse Catholique ». Qu'elle n'oublie pas ses membres. Courage à ceux de l' « Avant Garde » et aux autres aussi. Encouragez ceux qui vont partir pour la guerre. Je sens déjà la peine que ça leur fera de partir, à ceux-là surtout qui laisseront femme et enfants. Quelle peine aussi pour les pauvres mères !

Ce que je vous recommande surtout, c'est de reconsoler ma pauvre mère ainsi que mon père. Il me semble en ce moment les voir : quels pleurs ne doivent-ils pas verser ! Elle ne dormira plus, ma pauvre mère ! Reconsolez-les, faites-leur accepter ce sacrifice. Dieu est le Maître. Priez pour moi ainsi que pour nous tous. Que ceux qui restent prient pour tous ceux qui vont partir...

Adieu, cher Monsieur le Curé, vous à qui je ne puis assez témoigner toute mon affection ; espérons pouvoir nous revoir plus tard.

Je pars le cœur droit, plein de courage, combattre pour Dieu d'abord et ensuite pour la patrie, prêt à mourir si Dieu le veut.

J'ai comme caporal un séminariste de St-Brieuc, un bon garçon, et comme sous-lieutenant un guerrier et franc chrétien ; il est venu à la fête de Jeanne d'Arc au Séminaire, M. l'abbé B... l'avait invité.

Hier, le commandant nous a dit adieu en deux mots : il ne faut pas oublier son devoir envers la Patrie ni son devoir envers Dieu ; il faut surtout avoir la foi.

Adieu, cher Monsieur le Curé. Votre tout dévoué paroissien qui n'a plus que ce double but : devoirs envers Dieu et la Patrie.

F. R.

Et comme un écho, sans doute du cri qui domine dans la caserne, le généreux et fier soldat met ces quatre mots en guise de post-scriptum :

A Berlin, à Berlin.
Berlin, Berlin !

Le soir de ce même dimanche, 2 août, il écrit à ses vieux parents:

Chers Parents,

La mobilisation est complète et nous allons probablement partir en guerre un de ces jours. Alors je vais vous faire un peu mes adieux ; car, lorsqu'on part pour une semblable raison, on ne sait guère si on retournera.

Tout ce que je recommande, c'est que maman ne s'en fasse pas trop. Qu'elle prie beaucoup pour moi ainsi que mes sœurs, c'est le seul moyen de se reconsoler.

Pour moi, *je pars plein de courage,* car jusqu'ici, j'ai toujours eu une grande confiance dans la Sainte Vierge. J'espère qu'elle saura me protéger, car si je vais à la guerre, c'est pour Dieu d'abord et ensuite pour la Patrie.

Après tout, notre vie ne nous appartient pas : c'est Dieu qui nous la donne et c'est à lui d'en disposer. Je crois que je suis prêt à répondre à son appel. Peut-être retournerons-nous sains et saufs, mais enfin je pars le cœur plein de courage, prêt à mourir s'il le faut.

Priez, priez beaucoup pour moi et pour mes frères qui vont partir, mais je vous en supplie, chers parents, soyez dans la paix...

Votre fils affectueux qui vous aime et vous embrasse tous tendrement.

F. R.

Trois jours après, au moment où le régiment quitte la garnison, cette affection filiale se rehausse de toute la beauté que lui donne la force chrétienne puisée aux meilleures sources et s'auréole du sacrifice joyeusement accepté pour l'expiation du péché.

Dieu — Famille — Patrie

Chers parents,

Deux mots aujourd'hui, avant que nous ne partions... Joseph s'en faisait un peu, j'aurais été heureux de le revoir pour le remonter. *Un chrétien, un Français doit faire son devoir avec énergie et courage.*

Nous avons tous été des pêcheurs, plus ou moins chargés de fautes graves. Mais enfin, quels sacrifices Dieu n'a-t-il pas faits pour nous ? Maintenant, c'est à nous d'en faire pour Lui ! Nous devrions plutôt nous estimer heureux d'être appelés à offrir un pareil sacrifice.

Pourtant, c'est bien dur de laisser un si bon père et une si bonne mère. Que n'a-t-elle pas fait, cette mère, pour ses enfants ? Que de sacrifices n'a-t-elle pas acceptés ? Dieu seul sait la récompense qui lui convient.

N'est-t-il pas dur aussi de laisser ses frères, ses sœurs, tous ses parents et amis, son cher pasteur si dévoué ? Je désire et je souhaite que vous soyez tous résignés à nous voir partir. Faites-en le sacrifice ; pour moi, je le fais de grand cœur.

J'ai assisté à la messe ces deux derniers matins et j'y ai communié, bien sûr. Que j'étais heureux ! Que n'ai-je pas demandé au bon Dieu pour vous d'abord et ensuite pour moi et surtout pour ces pauvres malheureux qui partent dans l'oubli de Dieu ! Ce matin, l'église où j'étais était pleine de soldats et beaucoup ont communié.

Au revoir. Retournerai-je au pays ? Je n'en sais rien. A la volonté de Dieu ! Priez, priez Jeanne d'Arc et Notre-Dame du Perpétuel Secours, pour tous les soldats, mes frères et moi !

Chers parents, *faites aussi le sacrifice de vos trois enfants*, et même de tous les quatre ; Dieu saura vous en récompenser. Espérons tout de même qu'il vous en conservera au moins un sur quatre. Soyez tranquilles à notre égard. Dieu et la Sainte Vierge veillent sur nous toujours et veilleront partout où nous serons, en France ou ailleurs.

Je pars avec l'espoir que nous serons victorieux, que nous irons à Berlin et délivrerons l'Alsace, si Dieu le veut.

A Berlin ! A Berlin ! C'est notre but,. à nous, tous les soldats.

A Dieu, chers parents. Espérons gagner la victoire d'en-bas, ou du moins celle du ciel. Je vous embrasse tous de tout mon cœur, avec l'espoir de vous revoir un jour. A la volonté de Dieu !

F. R.

Quelques jours après cette lettre d'adieux, le généreux soldat qui offrait ainsi sa vie pour le salut de la France et demandait à ses parents de faire du même cœur le sacrifice de leurs quatre fils mobilisés, leur écrivait pour annoncer la mort de son frère Joseph, première victime de la guerre dans la paroisse. Il s'efforce de les consoler, en leur montrant cette autre Mère, la Sainte Vierge Marie qui l'aura reçu à bras ouverts comme une mère reçoit son fils. « Quand on meurt pour une pareille cause, ajoute-t-il, on peut compter avoir le ciel en récompense, le ciel où on se retrouve un jour. »

La pensée du Ciel, Patrie d'en haut, animera d'un nouveau courage tous nos fiers soldats pendant leur campagne pour la défense du Droit et de la Justice, fondement des patries de la terre, sauvegarde de la liberté, de la paix et du bonheur de tous les peuples. Quand tous ces biens sont menacés, quand la Patrie est en danger, quand cette Patrie s'appelle la

France, avec quel empressement, quel enthousiasme ses enfants ne voleraient-ils pas à sa défense!

Nos braves « Jeunes » surtout qui voient en elle l'image de la Patrie du Ciel, nous montreront dans la suite de leurs lettres comment ils sauront poursuivre et réaliser leur idéal de patriotisme et de religion.

# CHAPITRE II

## VERS LA FRONTIERE

### DES CHANTS, DES FLEURS
### ET DE LA JOIE PARTOUT

L'ordre de la mobilisation avait été accueilli avec une vraie joie dans toutes les garnisons par nos jeunes vaillants de « l'active ». Les réservistes arrivaient en chantant.

A la caserne et dans les rues, même sénérité sur tous les visages et même impatience aussi de courir à la frontière.

Cette impatience se trahit dans presque toutes les lettres, mais le sentiment dominant, c'est la joie. A chaque départ, la joie devient de l'enthousiasme à la gare et l'enthousiasme se maintient durant tout le voyage à la frontière. Partout des chants, des fleurs, des drapeaux: c'est une fête!

Le cœur cependant ne perd pas ses droits; il sait trouver des accents touchants pour consoler ceux qui restent et leur communiquer un peu de la confiance générale.

Les lettres sont courtes, vives; elles ressemblent souvent à des feuilles détachées d'un carnet de route. Nombreuses hélas! furent celles qui n'arrivèrent jamais à destination, et c'est profondément regrettable. Nos chers «Jeunes», confiants en leur mémoire et assurés d'être de retour à la Toussaint ou au plus tard à Noël prochain, n'ont pas pris soin de noter au jour le jour leurs impressions.

Hélas! beaucoup d'entre eux ne reviendront pas, et les autres «en auront tant vu» dans leur longue et pénible campagne qu'ils oublieront de nombreux détails si précieux pour faire connaître toutes les beautés cachées de leur âme ardente et généreuse.

Plusieurs pourtant ont commencé leur journal de campagne, mais bien peu ont eu les moyens et le courage de le tenir à jour.

Voici une feuille détachée de l'un de ces carnets de route qui nous retrace l'aspect de la caserne d'une garnison voisine, le jour du départ.

Mercredi 5 août.

Ce matin, pour notre dernier réveil, les tambours et clairons de la compagnie nous sonnent le réveil en campagne. Excellente expression. On nous apporte le café au lit. Quand pourra-t-on recommencer ?

A 7 heures, rassemblement de la compagnie. Affublé d'un chapeau melon et une pancarte : Rhum à la Jamaïque, le dénommé C... fait le pantin : Fou rire général.

Au déjeuner, vins d'honneur, café, adieux. Nous dévalisons jardins et parterres.

A 3 h. et demie, la compagnie se rassemble. Nous sommes tous fleuris. En sortant, nous entonnons la *Marseillaise* et le Chant du Départ.

Halte auprès de la gare. Nous sommes fêtés par la foule. Une petite fille m'attache des fleurs à la capote, je l'embrasse. Nous nous embarquons... Jusqu'à la nuit, nous sommes fêtés par les gens, échelonnés le long de la voie. On nous crie : A Berlin ! A Berlin !

Arrivée à Troyes le lendemain à 17 h. Accueil chaleureux. Cris de : « Rapportez la tête à Guillaume ! » On se montre nos wagons tout parés de fleurs. Les inscriptions font rire. D'un côté, ce pauvre Guillaume est pendu en effigie ; de l'autre, il est représenté par une tête de porc coiffée d'un casque à pointe !

Partout, enthousiasme délirant !

Même enthousiasme dans toutes les casernes et sur tous les chemins qui mènent à la frontière ; même courage et même confiance dans le succès et toujours aussi mêmes sentiments religieux.

De la ville d'Angers, un jeune gradé écrit à ses parents :

Nous sommes équipés, prêts à partir. Cependant, nous ne partons que jeudi soir pour Châlons ou Maubeuge, je crois ; l'enthousiasme est grand et tous nous crions : « Mort aux Boches ! »

Ne vous faites point de bile, moi je ne m'en fais pas.

Pour la France, pour la Patrie.

Je vous embrasse tous.

Joseph.

Le lendemain, il trace à la hâte ces deux mots :

Nous partons demain à 15 heures, pour l'Est. C'est en chantant que nous demandons le départ. Priez Dieu pour moi.

Le même jour, il écrivait à son curé :

Nous partons, beaucoup d'entrain. Priez pour nous. Vive la France !

P.-S. — Hier soir à la cathédrale, j'ai prié avec le général de division.

« Avec Dieu dans son cœur, on ne capitule jamais! » (De Sonis) avait-il dit à ses parents en P. S. de sa lettre de départ; en cours de route, aux environs de Troyes il leur écrit:

Les Français sont à Mulhouse. Nous gagnons partout. Priez Dieu pour que ça continue et pour qu'on retourne sains et saufs chargés de lauriers.

Joseph LENNE.

Des lauriers, il en a cueilli sa belle part jusqu'au 11 mai dernier, jour où, « chargé d'une mission périlleuse, sous un tir violent d'artillerie, il a montré le plus grand calme et le plus grand courage et a été tué par un éclat d'obus. » (Citation à l'ordre de l'armée du 1er juin 1915.)

La palme des braves si bien gagnée par tant de courage et dont sa famille et ses amis ont le droit d'être fiers est une bien faible consolation pour eux et pour nous, qui perdons dans le brave sergent du génie le meilleur des «Jeunes».

Au départ pour la frontière, personne ne pensait à la mort; l'idée de la mort n'aurait pas suffi à troubler la joie intense et l'enthousiasme de tous les partants.

C'est encore un soldat d'Angers, sapeur-conducteur au 6e génie, lui aussi, qui écrit ces lignes:

Vous ne pouvez vous figurer l'enthousiasme qui règne en ville. Partout les troupes se font acclamer et, à chaque départ, soldats, canons, voitures et chevaux sont décorés de fleurs par les civils...

C'est demain matin que je quitte Angers. Où allons-nous ? Je n'en sais rien... Il m'en coûte peu de partir. Je pars, je crois, la conscience libre ; alors, à la volonté de Celui qui dirige nos pas:

Je vous embrasse tous.

G.-Ch. V.

A Châteauroux, même entrain au 90e d'infanterie, à la 9e section sanitaire et à la gare.

Pars demain, direction Versailles. Les trains militaires passent toutes les dix minutes. Les soldats partent au cri de : A Berlin ! et au chant de la *Marseillaise*. Tous les wagons sont chargés de fleurs, de décorations et de drapeaux. On y voit aussi la tête de Guillaume avec ces mots : A mort ! et encore ces inscriptions : Train de plaisir pour Berlin ! Voyage gratuit ! etc.

P. S. — Pardon, pour mon style décousu. Je fais ma lettre au galop sur le rebord d'une fenêtre, au garage de la Compagnie d'automobiles à laquelle je suis affecté.

Et de Versailles, huit jours après, le même raconte un épisode de son voyage:

De Châteauroux jusqu'à Orléans, nous avons été bien reçus partout. Nos voitures étaient couvertes de fleurs. En passant à Orléans, le convoi s'est arrêté devant la statue de Jeanne d'Arc et de chaque voiture s'est détaché un délégué pour déposer aux pieds de Jeanne d'Arc une gerbe de fleurs. Il va sans dire que j'ai tenu à déposer moi-même un bouquet en mon nom personnel. Puis le convoi est reparti au chant de : *Sambre et Meuse* et aux cris de *Vive la France* ! poussés par les civils qui s'étaient joints à la manifestation.

Hier, j'ai eu le bonheur de faire la Sainte Communion à Notre-Dame des Armées et d'entendre la messe ; ce matin j'ai pu y assister encore...

Priez beaucoup pour moi. Nous n'irons pas, il est vrai, directement au feu, mais dans une guerre il y a tellement de surprises ! Enfin, à la volonté de Dieu et que sa volonté s'accomplisse.

Un fier dragon du 25e d'Angers avait déjà noté à son passage à Versailles et à Paris l'empressement de la foule à les acclamer.

Pendant le voyage on n'a fait que chanter et c'était vraiment patriotique.

Tout le long de la route, surtout à Versailles et à Paris, toutes les femmes
étaient aux fenêtres à nous regarder
passer. Elles agitaient drapeaux et
mouchoirs en nous disant au revoir.
Tout ce monde avait l'air gai et confiant
en nous.

De Poitiers, un artilleur signale, lui
aussi, la même note patriotique.

Il y a un enthousiasme de patriotisme merveilleux. Nous voyons passer
tous les jours des trains de soldats qui
se dirigent vers la frontière. Ils sont
tous décorés de drapeaux, de bouquets,
de branches et de guirlandes. Les soldats chantent gaiement et semblent ne
pas penser à ceux qui sont restés
dans la tristesse et l'inquiétude.

A ses parents tant aimés, ce bon fils
adresse, le 7 août, des paroles de consolation et de réconfort:

Il ne faut pas vous tourmenter ; je
crois bien que nous n'irons pas loin ;
s'il faut partir, je crois que ça chauf-
fera, car depuis que je suis à Poitiers,
la nuit comme le jour, les trains de soldats de l'active n'arrêtent pas de passer
dans la direction de la frontière. Je
crois que déjà il doit y avoir quelque
chose là-bas. Ce n'est sans doute pas
bien gai de partir comme ça, mais si

vous voyiez comme moi passer tous les jours ces trains couverts de bouquets, de branches et de drapeaux, vous seriez émerveillés de l'entrain de tous ces hommes.

Avant de partir, le 13 août, il envoie ces deux mots:

Nous embarquons aujourd'hui pour aller, je crois, en Champagne.

Hier soir, on a fait bénir des drapeaux pour mettre à nos pièces et à notre train: tous les officiers étaient présents. Ce matin, avant de partir, j'étais à une messe à 5 h. et à la Communion; il y avait aussi des officiers présents, en particulier un chef de pièce, qui a fait la Communion.

Plusieurs de nos « Jeunes » font allusion dans leurs lettres au spectacle grandiose qu'offrait la place de l'Hôtel de Ville de Poitiers le jour du départ du 125e d'infanterie. Personne n'a pu oublier l'émotion intense produite par la bénédiction du drapeau du régiment et les patriotiques paroles de l'Evêque de Poitiers, « deux fois Français, parce qu'Alsacien ».

C'est le souvenir qu'évoquera l'un de nos « Jeunes », jadis de la garde du drapeau pendant son service actif, dans une lettre, la dernière, hélas! qu'il devait écrire, à la veille de la terrible bataille de Réméréville, où le 125e se couvrit de gloire et aussi de sang, du meilleur sang de nos braves soldats :

Le drapeau du 125e a été béni par Monseigneur avant de partir de Poitiers, sur la place de l'Hôtel de Ville. Soyez sûr que s'il faut donner mon sang pour ce drapeau qui m'est si cher, je le donnerai jusqu'à la dernière goutte.

A Niort comme à Poitiers, une scène magnifique, mais plus intime, se passait au 7e hussards. Les officiers avaient invité M. le doyen de St-André à bénir leurs sabres. Dans la salle du Cercle, une cinquantaine d'officiers entouraient une grande table sur laquelle trois drapeaux tricolores étaient dépliés; sur leurs sabres résolument tendus vers le drapeau du régiment, la bénédiction des armes fut prononcée par la voix émue du prêtre de Dieu, de ce « Dieu pour qui les hommes d'armes bataillent, mais qui seul donne la victoire. »

Un cycliste de l'Etat-Major du régiment écrit au sujet de cette belle manifestation patriotique :

C'était vraiment touchant. Je crois que *tout le monde est parti avec l'espoir de vaincre ou de mourir.*

VAINCRE OU MOURIR ! Tous les soldats avaient ce sentiment au cœur, et plusieurs fois l'expression se retrouve dans leurs

lettres en propres termes ou dans une formule équivalente. Le contact des chefs
chrétiens, et surtout des prêtres-soldats,
à la caserne aurait suffi à lui seul pour
allumer partout le même patriotisme. Et
puis, ne sont-ils pas Vendéens, nos « Jeunes »? Écoutez-les parler dans leurs lettres et vous retrouverez quelque chose de
l'âme patriotique et chrétienne de leurs
grands ancêtres :

Chers Père, frère et sœurs,

Nous quittons Parthenay demain matin à 1 heure. Où allons-nous ? Je n'en
sais rien, mais ne vous inquiétez pas
pour cela. Nous, on ne se fait pas trop
de bile, on est tous prêts à faire son
devoir ; il le faut.

Si vous voyiez tous ces frères d'armes, c'est *reconsolant*. Il me semble à
moi que tout le monde y va avec foi
et courage et confiant dans la victoire.

Consolez-vous, il faut bien vous soumettre.

Vos fils et frères,
J. et G.

« Nous partons tous le cœur gai et
généreux, écrit à un prêtre de ses
amis un autre soldat du 314e, à qui
pourtant la séparation de deux êtres
chers avait été bien dure. Nous avons
la ferme conviction de vous revenir, s'il
plaît à Dieu ; Dieu, d'ailleurs, est notre seul espoir.

Bonjour à celles que j'aime tant, consolez-les le plus possible. Bonjour également à tous les parents et amis tant éprouvés dans cette douloureuse circonstance. Priez Dieu pour nous, c'est notre seule consolation.

L. G.

En partant pour la Lorraine, afin d'être, avec le glorieux 314e, les sauveurs de Nancy, après le combat de Ste-Geneviève, ces trois « Jeunes » disaient au revoir à un ami que son état de santé retenait au dépôt. Quinze jours après, le compatriote est désigné pour partir. Il écrit aussitôt à l'aumônier de son groupe pour lui faire part de sa joie.

Lundi soir, j'ai été désigné pour partir prochainement vers la frontière. Je suis heureux d'aller rejoindre mes camarades ou les remplacer...

Maintenant j'attends tranquillement l'heure de partir. *Voulant me conduire en fils de Vendéens, je donnerais volontiers mon sang pour la Patrie.*

A l'exemple de ces missionnaires qui arrivent chaque jour s'enrôler dans les rangs de l'armée, eux, les expulsés de France, je veux être fort.

J'ai eu plusieurs fois l'occasion de voir « M. Jean », il attend lui aussi avec impatience le moment de partir vers la frontière.

J'aurais voulu revoir mes parents, mais comme nous sommes toujours sur le point de partir, j'ai peur de les déranger inutilement. Dites-leur bonjour de ma part ainsi qu'à tous ceux qui m'ont donné des marques d'affection. Au revoir ; de là-bas, je penserai à vous.

A. V.

A la caserne et surtout lors du départ pour la frontière, la joie n'est troublée que par la pensée des parents que l'on sait plongés dans l'inquiétude et dans les larmes. Le seul souci de nos chers jeunes gens est de s'efforcer de les consoler et de les rassurer. Ils leur recommandent de ne pas s'inquiéter à leur sujet, de ne pas « se tourmenter », de « ne pas s'en faire, », de ne pas « se faire de bile ». Dans chacune de leurs lettres envoyées en cours de route ou de la frontière, ils se disent très heureux, joyeux ; ils ne « se font pas de bile », répètent-ils sans cesse.

Quand ils écrivent à leurs curés ou aux amis, iis leur demandent d'aller consoler ceux qui pleurent, surtout les pauvres mamans inconsolables. A la pensée de la mère, le cœur se fait plus tendre, et la piété filiale fait appel aux frères et sœurs qui restent, au père lui-même, pour « remonter la pauvre maman. »

Il arrive parfois que la mère est veuve et qu'elle a perdu son meilleur soutien au départ de l'aîné pour la guerre. Avec lui, le fardeau du veuvage était moins lourd, mais sans lui, il est devenu doublement pesant.

C'est alors que dans les lettres du grand aîné vibrent toutes les tendresses filiales mêlées aux sentiments du devoir patriotique. Alors surtout, il saura trouver les accents touchants pour consoler sa mère et fortifier son courage, sans jamais l'amollir.

Ma chère Maman,

Vous devez déjà être inquiète à mon sujet, je pense. Soyez sûre que je ne me fais pas le moindre chagrin, bien au contraire. Si je vous disais que je suis heureux à la pensée de la victoire prochaine ! Car il me semble que nous les aurons, ces Allemands ! Ils veulent nos têtes, eh bien ! nous voulons les leurs ! Soyez sûre que nous rapporterons la tête à Guillaume !

Je vois que tout le monde a du sang-froid. Surtout, ma chère maman, ne vous faites pas de chagrin, nous reviendrons. Mais si je meurs, je *veux mourir pour la Patrie, en bon Français et en bon chrétien.* D'ailleurs Dieu me garde.

Nous partons demain matin pour Châlons, et de là nous nous dirigeons vers la frontière, verser notre sang pour la patrie. C'est réglé, la guerre est déclarée maintenant. Tout est prêt et les bons Français sont prêts eux aussi.

Surtout, chère Maman, ne vous faites pas de chagrin ; je suis avec de bons amis ; nous étions très nombreux à partir ensemble à Bressuire et sur le parcours jusqu'à Poitiers nous étions tous assez gais.

Et vous, consolez-vous les uns les autres, je ne vous oublierai pas, ne m'oubliez pas vous non plus. Donnez de mes nouvelles à M. le curé.

A ceux qui viendront nous remplacer, dites bien de prendre du sang-froid. Ce n'est pas le moment de perdre courage ; il me semble à moi que nous avons déjà gagné.

Et toi, mon cher frère B..., demande un fusil pour venir me rejoindre. Il nous faut des volontaires ; j'espère que tous sauront verser leur sang pour la Patrie.

Le départ est fixé à ce soir ou à demain. Vivement la direction de Berlin, car je m'ennuie à Poitiers.

Je suis sorti en ville hier soir, tout équipé à neuf, avec de bons effets et de bonnes chaussures. Je suis allé voir M. l'abbé B...

Ce matin sans doute les pleurs auront coulé, mais soyez généreux sans le moindre chagrin. Moi je n'ai pas de chagrin et je vis sur la bonne espérance. Je vous enverrai des nouvelles le plus que je pourrai.

Je termine en vous embrassant de grand cœur. Votre fils qui n'oubliera pas sa maman ni tous ses parents et amis.

Gabriel BOISSINOT.

tout dévoué pour vous.

« Ne vous faites pas de chagrin » ; consolez-vous les uns les autres »! C'est toujours le cœur du fils qui parle et c'est le même cœur, le cœur du soldat qui parle, lui aussi, dans cette phrase, qui jaillissent comme un refrain patriotique sous sa plume alerte: « Je veux mourir pour la Patrie », « je suis prêt à verser mon sang pour le pays »!

C'est ce brave, qui avait dit au départ de Poitiers: « Le drapeau du 125e a été béni par Monseigneur... S'il faut donner mon sang pour ce drapeau qui m'est si cher, je le donnerai jusqu'à la dernière goutte. »

Dans la lettre qui se termine sur cette phrase, il manifestera les mêmes sentiments avec plus de force et de générosité, et quand on apprendra sa mort, chacun se dira au milieu de ses larmes: La Patrie compte un nouveau martyr et le ciel un nouvel élu! L'âme de notre cher Gabriel se retrouve tout entière dans l'âme de ce frère qu'il invitait à venir le rejoindre; elle vibre du reste dans chacun de nos « Jeunes », tous décidés à faire vaillamment et gaiement leur devoir pour la France et pour Dieu.

# CHAPITRE III

## A LA FRONTIERE

## RECEPTION ENTHOUSIASTE
## PREMIERS COUPS DE FEU

Avant d'arriver à la frontière, au cantonnement et même à la descente du train, tous nos Jeunes s'empressent d'écrire pour tranquilliser les parents et amis. Leurs lettres débutent d'ordinaire par la vieille formule, familière à nos braves gens de la campagne: « Je vous écris pour vous donner de mes nouvelles qui sont bonnes pour le moment et pour en recevoir des vôtres. J'espère que ma lettre vous trouvera comme elle me quitte. Je vous dirai... »

Presque dans chacune d'elles, les soldats se plaignent des lenteurs de la poste et

vont parfois jusqu'à se fâcher. Ils ne se
doutent pas, nos bons soldats, des perturbations que la déclaration de guerre a
jetées dans les services de l'Administration; ils ne savent pas que, dans nos bureaux de poste de campagne, directrices, aides et facteurs rivalisent de zèle
et de dévouement pour faire face aux multiples occupations que la guerre a fait
naître, et ils n'applaudiront pas aux éloges
mérités que le Ministre des Postes et Télégraphes adressera plus tard à tous ses
subordonnés. Ils ont entendu dire, eux,
que dans telle ou, telle ville de la frontière, il y a des monceaux de lettres à
distribuer, qu'on jettera sans doute au feu,
et cela, ils ne le pardonneront jamais.
Aussi, pendant plusieurs semaines, plaintes
et anathèmes pleuvent dans leurs correspondances.

A leurs plaintes se mêle parfois une
pointe de fine malice et d'esprit de bon
aloi. « Ah! ces P. T. T.! » s'écrie un
« Jeune », qui répond à une lettre dans
laquelle un de ses amis, très inquiet d'un
silence trop prolongé, lui disait sa joie
et la joie de tous de le savoir en bonne
santé.

Vous êtes cent fois trop aimable!
Tant d'éloges pour une simple lettre,
c'est exagéré.
Je suis surpris que vous n'ayez pas

reçu la carte que je vous ai envoyée
en même temps que la lettre adressée
à mon père. Mais est-ce bien si sur-
prenant? Je n'ai point reçu les lettres
et les cartes dont vous me parlez. Ah !
ces P. T. T. !

A côté des reproches à l'Administration
des Postes, il y aura toujours dans les lettres de nos «Jeunes», durant le premier
mois de guerre, une petite note sur la
censure militaire: il est interdit aux soldats de dire où ils se trouvent, ce qui
se passe et ce qui se prépare. Chefs
et soldats seront fidèles à la consigne.
Nos gradés seront eux-mêmes sur ce
point — pour l'exemple — d'une rigidité
qu'on serait parfois tenté de regretter, à
la pensée des choses intéressantes que,
seuls, ils seraient à même de communiquer
chez eux, à 600 kilomètres du front, sans
danger aucun pour les opérations militaires.

Mais ils sauront glisser une réflexion, un
simple mot qui fera deviner ce qu'on cherche à savoir. L'un d'eux écrit à son frère:

Mon cher frère, je t'écris du cantonnement. Quant à te dire où je suis
et où je vais, c'est midi. Sous peine de
Conseil de guerre, on ne doit pas dé-
voiler le nom de l'endroit où l'on se
trouve. Le principal, c'est que je me
porte très bien. Merci de tes lettres

qui m'ont fait grand plaisir. Ces jours
derniers, j'ai vu beaucoup de copains
du 77, du 66, etc.

Bien le bonjour à toute la famille.
Quand je serai de retour, j'aurai une
raison de plus pour converser avec
le P. R. et H. O...

Je t'embrasse de tout cœur, prie pour
moi.                                    Joseph.

Un maréchal des logis fait ainsi comprendre à ses « chères petites sœurettes »
qu'il est en Belgique :

Je ne puis vous dire où je suis, mais
je suis très loin. Jamais je n'aurais
pensé que je reviendrai parcourir à
cheval ces contrées **que** je visitais il
y a deux mois **avec** mon cher J...

Dans une lettre, un grand frère, dési-
reux de satisfaire la légitime curiosité
de ses sœurs, leur indique une manière de
savoir à peu près où il se trouvera pendant la campagne : il suffira de se référer
à une feuille remplie de signes conven-
tionnels dont il faudra surveiller l'apparition dans l'entête des lettres à venir.

Afin de se consoler de la consigne im-
posée, nos « Jeunes » se rabattent pour
la plupart sur la description de l'état des
moissons dans la campagne où se font les
marches et les bivouacs. Paysans et cul-
tivateurs jusque dans l'âme, ils n'ont pas

écarté le souci des rudes labeurs de la terre
en prenant la culotte rouge et la capote
bleue; ce ne sont pas encore des «poilus».

Leur âme s'émeut devant ces champs
de blé que les balles faucheront ou que les
chevaux piétineront, devant ces tas de
gerbes qui seront la proie des flammes,
devant ces vignes pleines de promesses
et qui peut-être ne seront pas vendangées.

De ces champs et de ces vignes de
la frontière, leur pensée s'envole vers les
rives de la Sèvre et vers le cher «Bocage»;
ils s'inquiètent, nos braves travailleurs,
de la récolte qui n'était pas terminée à
leur départ, des battages qui ne seront
point gais cette année. Sur les aires, bien
rares seront les hommes robustes; il ne
restera guère que les pauvres vieux, écra-
sés de travail et de tracas, ou les femmes,
les mères et les grandes sœurs avec les
plus jeunes frères. Tous seront tristes
en songeant aux chers absents.

A ces pensées, le cœur de nos «Jeunes»
s'émeut et laisse toujours tomber des paroles de consolation et de confiance. Tout le
monde se promet bien d'être de retour pour
les semailles; plusieurs même, quand ils
écrivent à des parents qu'ils savent dans
la peine, se flattent d'être auprès d'eux
«pour la fin des batteries».

Hélas !...

En dehors des réflexions sur les
lenteurs de la poste, la censure mi-

litaire et les nouvelles de tous les « pays » rencontrés dans les divers déplacements, il y a peu de chose qui soit palpitant d'intérêt dans la plupart des lettres qui ont pu parvenir à destination, pendant les premières semaines de la guerre. L'itinéraire du voyage et la liste des villes traversées n'offre pas lui-même beaucoup d'intérêt.

Et pourtant, on se les arrache, ces lettres, quand elles arrivent; on les parcourt avec avidité et parfois avec la crainte étrange d'y découvrir un malheur. C'est qu'en effet, plusieurs ont parlé déjà d'engagements d'avant-garde, de coups de fusils et de canons.

Outre ces dangers, il y a encore ceux qui peuvent résulter des marches pénibles sous le soleil brûlant et des nuits passées à la belle étoile. Que de sujets d'inquiétudes pour le cœur des mères et des grandes sœurs!

Aussi, à l'arrivée du facteur, chacun se précipite, pour avoir des nouvelles, sur la moindre carte, carte-lettre, enveloppe ou feuille de papier pliée en enveloppe (le papier manquera vite au front et dans chaque lettre il en sera demandé.)

La lecture se fait souvent tout haut dans le cercle qui s'était formé autour du facteur, et quand on a tout lu, tout, jusqu'à la signature et, sur l'enveloppe, jusqu'à ce cachet qui remplace le timbre et dont l'inscription « Trésor et Postes » avait aiguisé d'abord la curiosité générale, quand la lecture est finie, les commentaires vont leur train. Souvent le travail en souffre, et la confiance, le courage et le joyeux entrain que les lettres auraient dû semer partout, parce qu'elles en étaient pleines, n'y gagnent jamais rien.

Rarement pourtant ces lettres manquent l'effet principal, celui de ranimer la ferveur dans les prières, par l'appel incessant qu'elles font à Dieu et par la confiance qu'elles témoignent dans la protection de la Sainte Vierge et des Saints, pour échapper à tous les dangers, pour remporter la victoire et revenir bientôt.

Un dragon, excellent fils et parfait chrétien, pour qui la séparation avait été extrêmement pénible, au matin même du premier jour de la mobilisation, quand il dut s'arracher aux bras de ses chers parents et de ses nombreux frères et sœurs, n'a pas manqué un seul jour depuis son départ, d'envoyer un mot de réconfort à ceux qu'il sait dans la peine. Au soir du 4 août, il écrivait:

Mes bien-aimés Parents,

Frères et Sœurs,

Nous voilà déjà bien près de la frontière. Le cœur est bien gonflé mais le moral est très bon.

La population entière de la France est admirable de confiance et d'enthousiasme.

On ne sait rien de ce qui se passe, mais que voulez-vous ? le plus dur a été fait, dimanche matin. Courage maintenant pour vous et pour moi. Priez bien pour moi et pour nous tous... Nous avons pris toutes nos mesures de conscience. Allons, je vous embrasse de tout mon cœur de fils et de frère.

Quelle joie de se retrouver, si le bon Dieu le permet ! Bon espoir ! ! !...

Le surlendemain, pour tranquilliser toute la famille, il explique à ses sœurs, premier jour de la mobilisation, quand le même jour, dans une lettre aux chers parents, il parle encore de courage et de confiance.

### Chères Mignonnes,

Tout va bien jusqu'à présent pour la santé. Nous ne faisons pas grand'-chose, si ce n'est du service d'avant-poste jour et nuit pour garder la frontière et surtout l'accès de nos villes du côté de l'Allemagne. Nous faisons des barricades sur les routes autour du petit bourg où nous sommes.

Ce matin, il y avait une messe dans la petite chapelle du bourg, j'y suis allé et j'ai prié pour vous.

Chers parents, en somme, tout va bien ; on est courageux, tout le monde a fait son sacrifice et marche avec entrain.

Nous sommes près de Saint-Mihiel dans un très joli pays. Nous n'avons pas vu encore les Alboches, mais il paraît que des patrouilles françaises en ont pincé...

Allons, bon courage, ayez confiance, ne vous faites pas trop de chagrin. Toutes mes amitiés et baisers aux frères et sœurs. Bon courage à mon si bon J... J'espère que tout va bien et je vous embrasse de tout mon cœur, comme je vous aime.

Allons, bon courage.

Votre R.

C'est toujours la même note d'affectueuse bonté, de courage et de piété qui vibre chaque jour dans les lettres du grand frère. Dès le lundi, 10 août, il s'y mêle la note aiguë d'un cliquetis de sabres et le bruit sourd du canon. Ce jour-là, deux ou trois lignes seulement, mais hélas ! trop longues encore puisqu'elles suffisent à mettre en émoi tous les cœurs à peine rassurés le lendemain par quelques mots d'explication.

Mes bien-aimés, bonjour,

Comme je suis content de causer un peu avec vous ! Hier, mon régiment s'est battu, il n'y a pas eu trop de casse. Nous avons perdu deux ou trois officiers, quelques hommes, quelques chevaux.

Je ne sais pas ce qui se passe, mais je crois qu'en général nous battons les Allemands et que nous leur fourrons bientôt une belle raclée, à ces Alboches !

Nous ne sommes pas trop fatigués, mais c'est la chaleur qui nous accable.. Hélas ! on n'y peut rien.

Quand nous passons quelque temps dans un patelin où il y a une église, je vais avec mon ami J. y dire une courte prière. Priez aussi pour nous et pour le revoir tant désiré.

Il me tarde de vous voir et de vous embrasser, comme je vous aime.

Votre R.

Un autre dragon, jeune soldat de l'active, celui-là, qui a quitté la caserne d'Angers et fait son voyage en chantant, ne perd rien de sa belle humeur en arrivant à la frontière. Il la garde en entier, au milieu même de la désolation du coin de pays où il se trouve. L'avenir, la mort elle-même n'a rien qui puisse l'effrayer; il invite ses parents à s'y soumettre et à s'en consoler.

Chers Parents,

On est dans le département de la Meuse..., dans un petit bourg qui n'a rien de bien intéressant, je vous assure. D'abord, il n'y a que des femmes, des enfants et des vieillards ; tous les autres de 20 à 50 ans sont mobilisés, et les récoltes ne sont pas faites. Ils ne sont pas bien gais.

On ne trouve rien avec son argent, mais on touche du pain en suffisance, une demi-boule par jour et de la viande de conserve encore assez. Si on en a toujours autant, on ne périra pas, mais il pourrait bien venir un moment qu'on en aurait moins.

On n'est pas encore allé au feu, on est là à attendre des ordres, toujours prêts à partir ; on marchera probablement en 2e ligne... Ça ne peut pas être longtemps à commencer.

En tout cas, il ne faut pas trop vous en faire, moi, je ne m'en fais pas du tout... Ce n'est pas parce que je suis parti qu'il faut vous mettre à pleurer ! Si je tombe, eh bien, que voulez-vous ? il vous en restera encore trois. Je suis le seul parti de la famille, ce n'est pas comme en quelques familles, où tout le monde est parti, père et fils.

Allons, au revoir. Je termine en vous embrassant tous de tout cœur.

V.

Nos deux fiers dragons n'ont point le monopole du patriotisme, du courage et de la franche gaieté. Un de leurs compatriotes et amis, qui a gardé toute son âme de Vendéen au milieu des mobilisés du 15e corps, écrit à ses parents, avant de partir au feu.

Très chers Parents,

Nous sommes arrivés à Mirecourt sur la frontière, à midi, aujourd'hui. Nous nous trouvons à 25 kilomètres des lignes allemandes, on entend le canon tonner. Dans une heure, nous partons tous gaiement rejoindre les camarades qui se battent déjà. Nous serons en seconde ligne.

Ne vous tracassez pas ; mon espoir n'est pas grand, mais je me suis confié à la Sainte Vierge. J'espère qu'elle me protégera. Ne vous plaignez pas trop ! Combien de malheureux n'ont pas seulement laissé leurs père et mère, mais aussi une femme et des enfants ! Ceux-là sont encore plus à plaindre que vous.

Je ne pourrai pas facilement vous donner de mes nouvelles, mais aussitôt que possible, je le ferai. Pour le moment l'Allemagne recule ( ! ).

Au revoir, chers parents, priez pour moi beaucoup. Moi, *je pars au combat* pour la Patrie, pour vous tous, le sourire sur les lèvres, et en moi-même je récite à chaque instant trois Ave Maria. Si je meurs, ce sera le cœur bien tranquille.

Revevez tous mes meilleurs baisers.

Joseph.

Quelques jours après, dans une carte-lettre partie de la Lorraine annexée, ce généreux soldat chrétien recommande encore de ne pas se tracasser. Il ajoute plusieurs détails sur les opérations militaires, et sans vouloir faire son petit Joffre, il y va simplement de son explication des mouvements de troupe.

Chers Parents,

Je vois d'ici dans quelle angoisse vous devez être, mais il ne faut pas se tracasser. Je ne sais pas ce que disent les journaux ; mais jusque-là, nous ne trouvons pas grande résistance.

Notre corps s'est rassemblé entre Nancy et Lunéville, il y a 4 jours. Nous avons bombardé la frontière, tué quelques uhlans et les aviateurs ont jeté des bombes sur les villages allemands. Nos pertes sont de plusieurs morts dans la cavalerie : dragons et hussards, mais aucun mort à mon régiment.

Nous fonçons sur les forts allemands et sommes arrivés ce matin à 8 kilo-

mètres de Wik en Allemagne. Là,
nous allons attendre l'artillerie... Nous
sommes 120.000 hommes dans un es-
pace de 30 kilomètres et, derrière nous,
suivent trois corps d'armée. Nous sommes en deuxième ligne. C'est très intéressant.

Ne vous tracassez pas ; si notre armée va doucement, les autres vont vite.
Nous avons six villes allemandes prises, dont Mulhouse ; nous avons fait
40.000 morts et pris 27 canons.

Je vous écrirai d'Allemagne, si je
puis. Enfin, soyez tranquilles, je reviendrai.

Au revoir, chers Parents, je vous
embrasse de tout cœur.

Joseph C.

P.-S. — Tout le monde est courageux ; vous ne pouvez pas vous figurer
l'entrain qu'il y a dans l'armée. Nous
ne sommes pas mal nourris.

S'il y a de l'entrain au 40e d'infanterie,
avec les Méridionaux, il y en a surtout
au 77e parmi nos bons «gâs» du «Bocage».
On ne devait pas, en tout cas, se faire
beaucoup de mauvais sang à la demi-
section du sergent qui adresse à son père
cette lettre de style télégraphique :

Mon bien cher Papa,
Tout va bien.

Suis enchanté d'être en campagne. N'avons pas encore vu l'ennemi, espérons le voir mardi.

Sommes soignés comme des coqs en pâte.

Jusqu'à présent on peut dire que *la guerre, c'est épatant*. Cela durera-t-il ? Nous le verrons bien.

Les Allemands sont écrabouillés partout. Je n'ai qu'une peur, c'est de faire la campagne sans en voir.

Bon souvenir à tous.

Je vous embrasse.

Joseph.

Au 125e, nos Jeunes du « Bocage » ont même entrain, même gaieté, même courage avec une impatience égale de voir les Allemands et de venger 1870. C'est un partisan de la revanche qui l'écrit, après avoir raconté quel joyeux accueil les attendait en Lorraine :

### Chers Parents,

Nous voici arrivés sur la frontière. Depuis notre départ, jeudi, nous avons été accueillis comme jamais vous ne vous l'imaginerez. Nous sommes passés par Blois... et nous nous dirigeons sur Sarrebourg, de l'autre côté de la frontière, que nous allons franchir dès demain.

Nous sommes allés faire la grande.
halte à Neuves-M... Quand nous sommes arrivés, tout le monde nous sautait
au cou, et des bouquets, autant comme
autant. Je vous en envoie quelques.
feuilles qui m'ont été offertes par une
jeune Lorraine.

Que sera-ce quand nous aurons passé la frontière et que nous pénétrerons
dans l'autre Lorraine?

Nous sommes entre Nancy et Bel-
fort ; demain, nous allons rentrer en
Allemagne et une fois que nous y serons, nous n'en sortirons pas si vite.
Tout va pour le mieux.

Je termine en vous embrassant tous.
de tout cœur.

Votre fils affectueux,

Alexis.

Hélas! il fallut en sortir bien vite et.
partir pour la Belgique, envahie par l'armée allemande. Une partie de la 34e
brigade de Poitiers reçut l'ordre de garder la frontière Lorraine pour barrer le
chemin aux Allemands, qui, le croyant
libre, arrivaient en masses. Les ennemis
se heurtèrent à nos braves soldats qui mé-
ritaient dans ces jours d'héroïsme le nom
de « Garde de Lorraine », au 9e corps, ce.
« fameux » corps qu'un Allemand devait ap-
peler plus tard « la Garde de France »!

Le drapeau du 125e, béni par Monseigneur au départ de Poitiers, allait recevoir le noble baptême de sang. Nos héroïques soldats surent le défendre vaillamment, le mettre à l'honneur et lui valoir une glorieuse citation.

Quelques jours avant la bataille de Réméréville, un des « Jeunes » avait écrit à sa mère : « Soyez tranquille, ne vous tourmentez pas; il faut faire son devoir. Fais ce que dois, advienne que pourra ! »

Advienne que pourra ! même la mort ! Et plusieurs sont impatients de donner leur sang pour l'honneur du drapeau. C'est ainsi qu'un de nos meilleurs « Jeunes », vice-président de son Groupe, met tout ce qu'il y a de beau et de bon, de simple et de grand dans sa belle âme de soldat et de chrétien, pour exprimer son ardent désir de verser jusqu'à la dernière goutte de son sang pour l'honneur du drapeau. Voici sa lettre qui devait être la dernière :

## J. M. J.

Cher Monsieur le Curé,

Je suis heureux de disposer de quelques petits moments pour vous donner de mes nouvelles. J'en envoie au moins tous les deux jours chez nous et je n'en reçois pas souvent, mais ça ne fait rien, je ne me fais pas de bile tout de même.

Monsieur le Curé, soyez sûr que le courage ne me manque pas, au contraire. En voyant cette barbarie chez les Allemands, ça donne, dirais-je, de l'acharnement.

Jusqu'ici, notre régiment n'a pas eu de grandes épreuves. Nous avons été en première ligne pendant plusieurs jours en Allemagne et nous n'avons rien vu. Nous nous sommes retirés vers Nancy ensuite, pour nous diriger sur la Belgique. Nous étions prêts pour le départ, mais notre marche a changé de côté ; ils nous ont rappelés d'où nous venions pour leur venir en aide et nous sommes dans cette direction.

Vivement leur apparition à ces Allemands, pour leur donner ce que nous appelons « des pruneaux » qui ne digèrent pas et ce qu'il y a dans nos nos petits porte-cigares qui fument très bien. Mais la fumée les anéantit !

Ce qui nous soulage, c'est que la plupart de leurs obus n'éclatent pas.

Je ne veux pas vous dire que nous n'avons pas d'absents, ce serait faux, mais nos pertes ne sont pas comme celles des Allemands. Pour eux, dirais-je, c'est affreux, mais ils n'en ont pas encore assez ! Ah ! ils voulaient nos têtes ! à nous les leurs, auparavant ! C'est aux Français qu'ils en veulent surtout, mais nous ne les épargnons pas.

M. le Curé, si j'en avais le temps, je vous dirais un peu ce qui s'est passé, mais comme tout va bien, ce n'est pas utile. Espérons que nous pourrons nous le dire de vive voix avant que ça ne soit peu, et sans doute que le temps ne nous durera pas en le racontant.

Cher M. le Curé, soyez sûr que si je ne vous ai pas écrit plus tôt, je ne vous oubliais pas pour cela bien au contraire. Votre pensée ne me quitte pas et votre souvenir ne se séparera jamais de moi. Vous avez toujours été pour moi un vrai père ; je suis souvent allé vous demander des services, et que j'étais heureux de vous trouver !

Consolez, M. le Curé, tout ce qui m'était cher avant de partir, consolez-vous mutuellement. Ce n'est pas la peine de vous le redire, car, avant que nous ne partions, vous leur avez promis de faire tout ce que vous pourriez pour eux. Quelle joie pour moi, en partant, d'avoir entendu les paroles d'encouragement que vous nous avez données !

Espérons qu'au retour nous serons aussi gais que tous les camarades osent l'espérer. Mais *s'il faut laisser nos têtes, nous les laisserons en bons Français et surtout en bons chrétiens.* Dieu seul sait bien ce qu'il doit faire de nous ; quant à nous, vivons sur la bonne espérance.

Pour ce qui est de la prière, je vous assure qu'elle n'est pas longue, mais le cœur et l'esprit y sont. Ce qui nous fait plaisir, c'est que nos officiers nous donnent facilement l'autorisation d'aller à la messe. En demandant le 15 et le 16, j'y suis allé. Le dimanche 16, notre commandant en tête, nous étions à l'église, à la procession.

Le drapeau du 125e a été béni par Monseigneur avant notre départ de Poitiers sur la Grand'Place. Soyez sûr que *s'il faut donner mon sang pour ce drapeau qui m'est si cher, je le donnerai jusqu'à la dernière goutte.*

Recevez, cher M. le Curé, mon meilleur souvenir.

Gabriel BOISSINOT, qui ne vous oubliera jamais.

Deux jours après, notre cher Gabriel donnait « jusqu'à la dernière goutte » de son sang pur et généreux pour la défense de son noble drapeau, au soir de la première attaque de Réméréville. Du haut du ciel où il est allé prendre place avec les héros et les saints de la Patrie, il sera encore le soldat de la France, le protecteur de la famille et de l'héroïque veuve, son admirable mère, dont il avait été le seul soutien pendant plus de dix ans. Il veillera aussi sur le groupe de J. C. qu'il aimait tant et dont il était l'honneur; il passera son ciel à faire du bien à tous ceux qu'il avait aimés sur la terre: à sa sainte mère, à ses frères et sœurs, au digne pasteur, son second père, enfin à tous ses chers amis de la J. C. et aux autres.

L'un des meilleurs amis de Gabriel, un vrai « Jeune » lui aussi, avec une âme de soldat et de chrétien, sœur de la sienne, avait promis au début de la guerre « d'y aller de grand cœur » et de « ne pas y regarder de près », s'il fallait verser son sang pour la Patrie. Il devait montrer qu'il saurait tenir parole. En attendant l'occasion de déployer toute sa valeur, il est heureux de tranquilliser sa famille et de dire à son père que, pour le moment, il n'est pas au danger. Dans la place que renforce son régiment, c'est la bonne vie de caserne comme autrefois, avec une note particulière de franche gaieté que donne la nouvelle des premiers échecs allemands.

Mon cher père,

Vous me croyez peut-être sur la ligne de feu, à entendre siffler les balles. Je crois que nous sommes favorisés, car notre régiment est désigné pour rester autour de la place, afin de la renforcer en cas d'attaque.

Je crois que si ça continue de marcher comme ça marche en ce moment, nous ne verrons peut-être jamais le feu.

Ah ! les vieux « Pruscos », qu'est-ce qu'ils prennent pour leur rhume ! Ils ont des pertes considérables tous les jours.

De l'heure qu'il est, à la compagnie, on ne se figure pas être en guerre. On couche dans la paille, il est vrai, tous les jours, sans quitter le pantalon ni même les godasses ; malgré cela, nous nous estimons heureux d'être restés où nous sommes. La compagnie n'est plus au fort, elle est cantonnée dans un petit patelin tout proche ; ce sont les vieux territoriaux qui nous remplacent. Hélas ! ce ne sont que de pauvres vieux de 40 à 48 ans, et ce n'est pas gai pour eux, qui ne sont en partie que des gens du Nord.

Je ne puis pas vous dire grand'chose de ce qui se passe à la frontière ; tout ce que je sais, c'est que les Prussiens ont eu déjà plusieurs défaites et pas mal de prisonniers...

Nous n'étions alors qu'au 13 août. Déjà le 10, le même soldat écrivait: « Nous

avons beaucoup d'espoir de gagner les
Prussiens, car ils reculent à grand train ».
Il se faisait l'écho des premiers succès belges à Liége. Ce temps d'arrêt dans la
marche en avant de l'envahisseur devait
être, hélas! de courte durée. Après Liége,
Namur, et après Namur, la retraite de
Charleroi et la violation de notre frontière, mais grâce à Dieu quelques jours
après, c'était la Marne!

Dans les premiers jours, aucun de nos
vaillants soldats n'aurait voulu croire à une défaite possible. La nouvelle
du léger succès d'avant-poste les met en
joie. Leur enthousiasme trouve parfois
pour s'exprimer des mots plaisants.

Ecoutez plutôt ce jeune soldat d'une
garnison frontière, qui écrit à ses parents,
à la date du 15 août :

Chers Parents,

Nous sommes en guerre ; il ne faut
pas s'en faire pour cela : c'est pour
sauver notre pays. Moi, je ne me
fais pas plus de bile qu'à la caserne.

Nous passons une tournée aux Allemands actuellement, qui n'est pas ordinaire : on les démonte à tout coup...

Je ne me fais pas de bile et je souhaite que vous soyez de même. Bonne
santé à toute la famille que j'embrasse
bien fort. D'ici quelques jours, nous .

aurons le plaisir de causer de vive-
voix ; je crois que ce sera un beau
jour de la vie.

Votre fils qui ne vous oubliera jamais, et qui n'oubliera jamais le bon
Dieu. Le bon Dieu, c'est mon Sauveur.

G. D.

La note chrétienne, unie à celle de
gaieté franche, vient toujours réconforter les parents et amis.

Et si nos soldats trouvent dans
les rares lettres qu'ils reçoivent la même
note de piété et de confiance, rien ne
leur fait tant plaisir. Pourquoi, d'ailleurs,
« s'en faire », puisque dans chaque lettre
se trouve cette phrase consolante: « on
n'est pas malheureux? »

Mes chers Parents,

Hier et aujourd'hui nous avons eu
repos. Je vous assure que l'on n'est pas
malheureux. Jamais on a été si bien
en manœuvres que l'on est en ce moment. On trouve tout ce que l'on veut
et nous sommes très bien couchés. Aussi on ne pense pas beaucoup à la
guerre. A moi, il me semble que l'on
est en manœuvres, et je suis bien sûr
que vous vous faites plus de mauvais
sang que moi...

Quand nous avancerons, il me sera
peut-être plus difficile de vous écrire ;

ne vous inquiétez pas pour ça, si vous êtes quelque temps sans recevoir de mes nouvelles ; ne vous faites pas de mauvais sang...

Au revoir, chers parents, et continuez à prier Dieu pour moi.

Deux jours après, il exprime sa joie d'avoir appris par sa sœur que tout le monde était armé de courage.

J'ai été heureux d'apprendre par la dernière lettre d'Armande, que vous étiez tous armés de courage pour supporter toutes ces peines et ces ennuis, bien durs pour tous en ce moment.

Pour moi, je vous assure que je suis bien courageux. Jusqu'ici, on a été très heureux. Oh ! ce n'est pas que les souffrances me fassent peur ! Si le bon Dieu voulait seulement nous faire la grâce de nous revoir, quel bonheur pour tous !

Vivons sur la bonne espérance et continuez à prier le bon Dieu pour moi, car il n'y a que Lui qui peut nous sauver. De mon côté, je fais mon possible. Je me suis préparé pour partir ; je suis allé à confesse, et je crois que tous ceux de chez nous y sont allés, eux aussi.

Au revoir et bonne santé.

Votre fils qui vous aime et vous embrasse mille fois bien fort.

Gabriel BECOT.

C'était la dernière lettre, hélas! que les pauvres parents devaient recevoir de leur cher fils aîné. Dix jours après, au même combat de Morhange, Gabriel et ses amis tombaient au champ d'honneur. Tous les cinq s'étaient préparés et pouvaient affronter la mort sans pâlir, parce qu'ils allaient au devoir avec courage.

En leur refusant la grâce tant désirée de revoir ici-bas leurs familles, le bon Dieu leur réservait une joie plus grande, celle de les revoir un jour là-haut, dans la Patrie, qui ne connaît pas de deuils ni de séparations.

Ce furent pour notre Bocage vendéen, les premières victimes de la guerre. En temps de paix, ils étaient les modèles de la garnison de Nancy. Depuis le 20 août 1914, combien nombreux les amis qui ont payé la même dette sacrée et les ont rejoints au ciel!

Un mois après, c'était un de leurs jeunes amis, du même régiment de Nancy, qui tombait, frappé d'un éclat d'obus en pleine poitrine, non loin des champs de carnage et de triomphe de la Marne.

Lui aussi y allait de bon cœur; son entrain et sa gaieté ne manquent pas de verve pous s'exprimer: c'est le brave petit soldat français traditionnel.

A la date du 18 août, il écrit à ses parents:

Chers Parents,

Ce n'est pas la peine de s'en faire,. ça va à merveille. Je suis en parfaite santé et la campagne va bien.

On a déjà vu *le feu d'artifice*. Nous sommes en Alsace-Lorraine, où l'on est reçu à bras ouverts. On continue à avancer.

Rien de plus à vous dire sur la situation de la campagne, cela nous est défendu...

Le 2 septembre, alors qu'il a fallu reculer et faire de longues marches, il écrit qu'il n'est pas trop fatigué parce qu'il puise des forces dans sa foi et sa piété. Mais sa bonne gaieté ne le quitte pas.

Je puis vous dire que je ne suis pas trop fatigué, et pourtant, voilà une dizaine de nuits que nous couchons à la belle étoile. Je crois que le bon Dieu et la Sainte Vierge, que vous m'avez dit de prier, me donnent des forces : quand on est dans une pareille situation, on se jette bien un peu partout.

Le petit soldat français, le cœur gai et plein de courage, marche toujours de l'avant...

On a vu les Prussiens, on les a repoussés, laissant derrière eux caissons, canons et munitions de toutes sortes..

Il faut espérer que cela continuera pour que la guerre soit terminée le plus tôt possible et que le bon Dieu me donne la grâce de retourner au milieu de vous.

En attendant, je vous embrasse bien fort, père, mère, frères et sœurs.

Bon courage !

Lucien.

Dans sa lettre du 6 septembre, après avoir demandé des nouvelles de ses frères mobilisés, il termine ainsi :

Chers parents, ne vous inquiétez pas trop. Bon courage et le bon Dieu nous viendra en aide. A la place de fleurs, je vous envoie mille bons baisers.

Les petits engagements du début sont devenus l'horrible mêlée, et le « feu d'artifice », s'est changé en pluie de fer et de feu. Aussi, dans ses lettres, le jeune soldat, qui souffre de la guerre, demande à ses parents de prier pour obtenir la fin de ce fléau : « car, dit-il, c'est horrible, la guerre ». Après la victoire de la Marne, il retrouve sa gaîté, et, les 15 et 16 septembre, il est heureux d'annoncer que les Allemands s'enfuient en déroute et qu'il a reçu, lui, son premier galon de laine.

Chers Parents,

Je puis vous dire que, de ce moment, ça va très bien : on a donné la volée aux Allemands et ils se débinent...

Après un combat qui a duré près
de 20 jours, on a chassé les Allemands.
En partant, ils ont été obligés d'abandonner caissons, canons, chevaux,
morts et blessés, ils sont partis comme
des « péteux » : quelque chose d'horrible !

Maintenant, on est un peu en arrière
à nous reposer, car on en a besoin.
Vivement que l'on puisse se voir pour
se raconter bien des choses.

Je suis en bonne santé et je suis monté en grade : je suis nommé soldat de
1re classe !

Ne vous inquiétez pas, ça va bien ;
la campagne va à merveille...

Huit jours après, dans une lettre qui
devait être la dernière, le cher enfant
attribue à la protection de N.-D. de
Lourdes d'avoir échappé à la mort. La
mort ne lui a pas laissé le temps d'aller
remercier la « bonne Vierge » aux grottes
de Massabielle, mais c'est au Ciel qu'il est
allé dire à cette autre Mère sa joie d'avoir
été arraché à d'autres dangers plus grands
que celui de la mort.

### Chers Parents bien-aimés,

Je suis heureux de vous apprendre
que, malgré les épreuves très pénibles
endurées depuis deux mois, (nous
avons été 30 jours à coucher dans les
tranchées sous la pluie) je suis toujours

en bonne santé et jusqu'ici sans aucune blessure. Espérons que ça continuera jusqu'à la fin de la triste situation où nous sommes.

Souvent j'invoque la Sainte Vierge de Lourdes pour me préserver. J'en ai tant vu tomber auprès de moi depuis quelque temps, mais heureusement blessés pour la plupart. Quelle joie ce sera de se revoir sains et saufs !...

Celui qui vous aime et vous embrasse tous bien fort.

Lucien BREMAUD.

Le lendemain, le vaillant soldat tombait à Mauricourt, frappé en pleine poitrine par un éclat d'obus. La plaie intéressait les organes essentiels et la blessure, attestait le major, était au-dessus des ressources de l'art. Sur la demande du blessé lui-même, M. l'Aumônier fut prévenu. Lucien se confessa, reçut le lendemain matin la sainte Communion et l'Extrême-Onction. Il rendit pieusement son âme à Dieu avec les sentiments d'une courageuse résignation.

Ce courage devant la mort n'a rien qui puisse nous étonner de la part de chrétiens comme sont tous nos « Jeunes ». En partant, ils avaient fait le sacrifice de leur vie à la Patrie et à Dieu. Eux, qui jadis chantaient avec tant de cœur « leurs amours » pour cette « bonne et tendre Mère », qu'était pour eux la sainte Religion, eux, qui partaient pour la défendre, pouvaient chanter jusque dans leur glorieuse agonie:

> On ne craint pas la mort
> Quand on meurt pour son Dieu !

Nous les verrons désormais se familiariser avec l'idée de la mort, qui, depuis l'inoubliable baptême de feu, les frôle partout de son aile. La plupart raconteront plus ou moins au long dans leurs lettres les impressions ressenties le jour où pour la première fois ils ont vu la mort de près. Ils n'auront jamais pour elle l'air gouailleur des gavroches, mais ils sauront la regarder en face et l'accueillir toujours comme la portière de la Patrie Céleste.

# CHAPITRE IV

## BAPTEMES DE FEU

Au début des hostilités, dans leurs promenades militaires à la frontière, nos soldats se croient en manœuvre. Ils sont impatients de se mesurer avec l'ennemi. Leur jeune ardeur ne trouve pas à se déployer à l'aise dans les rencontres d'avant-garde. Les premiers coups de feu ne sont pour eux que « feux d'artifice ».

Dans ces rencontres, en service de patrouille, ils ont montré qu'ils savaient se battre; ils devaient montrer bientôt que déjà ils savaient mourir. Dès les premiers engagements avec les forces ennemies, en Belgique, en Alsace et en Lorraine, beaucoup ont trouvé une mort glorieuse, le jour même de leur baptême de feu.

« BAPTEME DE FEU! » Nos soldats ont ainsi baptisé les attaques meurtrières, où la mort est entrée dans leurs rangs sous une pluie de fer et de feu. L'expression apparaît rarement dans leurs lettres, parce que bien rares ont été ceux qui ont voulu consacrer un jour de repos au front ou dans un hôpital pour retracer et fixer les souvenirs de ces journées d'horreur, et plus tard, quand la guerre de positions dans les tranchées aura succédé à la guerre de mouvements en rase campagne, on n'osera plus donner aux quelques attaques risquées le beau nom de « baptême de feu. »

Quand, sous la plume de nos « Jeunes », cette expression ne fait que rappeler un coup d'audace, une prouesse, un bon tour joué à l'ennemi, le ton est gai : c'est la note joyeuse de tous les « baptêmes ». Il y a du feu sans doute et un bruit de mitraille, mais ça ressemble à un carillon, « puisqu'il n'y a pas eu de casse! »

Le ton devient grave au contraire, quand le « Baptême » garde quelque chose des lueurs des maisons incendiées et de l'odeur acre du sang qui coule par les plaies ouvertes des morts et des agonisants. Or, c'est le cas presque toujours. Aussi ces lettres-là ne s'adressent pas d'ordinaire aux parents, mais à des amis, quand surtout ces amis sont des prêtres.

Dans ces récits de bataille, à la note militaire, joyeuse ou triste, se mêle toujours la note pieuse. Nos soldats sont des chrétiens. L'âme du soldat fait entendre sa

voix claire et sonore de bravoure et d'é-
nergie: elle parle une langue simple, sans
recherche, ni emphase. Pas de jugement
non plus sur les opérations d'ensemble;
nos « Jeunes » sont de simples soldats,
rarement des gradés, qui écrivent leurs
impressions de combat: ils racontent ce
qu'ils ont vu, ce qui s'est passé sous
leurs yeux, c'est-à-dire dans la partie
du front occupée par leur régiment, par
leur bataillon ou leur compagnie. Quand ils
se hasardent à se faire l'écho de voix plus
autorisées sur les opérations militaires, leur
simplicité est un peu vaste et leur sagacité
est parfois en défaut.

Mais la piété chez eux n'est jamais
en défaut. Elle apparaît dans chaque lettre pour souligner le besoin d'intéresser
Dieu à nos affaires et de recourir à Lui:
la protection efficace que nous trouverons
dans la Sainte Vierge et les Saints du
Ciel, le peu de chose qu'est la vie et le
bonheur d'être chrétien pour espérer rentrer par une mort glorieuse dans un monde meilleur.

Là même où le récit prend un air un
peu leste avec des expressions de caserne, la note sérieuse et même pieuse saura
se glisser. Jugez-en plutôt par cette lettre de dragon:

Chers Parents,

L'on a reçu le « baptême de feu »,
lundi 10 août. Le 25e n'a pas eu de

mal, car les Prussiens tirent mal comme des « cochons ». Et c'est heureux, car on était pris dans une fusillade, et ça aurait fait drôle s'ils avaient bien visé. Dans les autres régiments, il y a eu quelques chevaux tués et quelques hommes blessés.

En tout cas, les Prussiens ont une frousse épouvantable de nous : quand ils nous voient charger sur eux à l'arme blanche, ils se sauvent comme des lapins ; seraient-ils trois fois plus forts, ils ne veulent rien savoir du sabre. Je crois qu'ils sont bien cuits.

D'ici quelques jours, il va probablement y avoir une grande bataille sur toute la ligne. J'espère qu'on va les enfoncer un peu : on va leur « rentrer dans le chou », car on est acharné contre eux et ce n'est pas facile de nous faire reculer.

On ne s'en fait pas pour le moment. Les vivres ne nous manquent pas : on est approvisionné par les autobus, ce qui est très pratique. Ce n'est pas comme les Alboches : eux, paraît-il, crèvent de faim ; les prisonniers qui viennent n'ont pas mangé depuis quatre jours...

Allons, au revoir, chers Parents. Je pense que vous ne vous en faites pas trop. Comme je vous l'ai dit, il faut prendre cela avec résignation. Si j'y reste, ma dernière pensée sera pour vous. J'aurais bien été content de vous revoir avant de partir, mais ce sera pour la fin. On n'a pas fini, il est vrai, mais que voulez-vous. c'est le métier ! C'est le métier !

Votre fils qui vous embrasse.

V.

Après dix jours de marches continuelles et de nuits sans sommeil, le joyeux dragon n'a rien perdu de sa belle humeur guerrière et ses réflexions sur la maladresse des Prussiens ont gardé leur piquante saveur. Il se réjouit d'apprendre par une lettre, reçue le même jour, que ses parents ne « s'en font pas » et pour les rassurer davantage, il leur écrit, le 24 août :

Chers Parents,

Je me porte comme le Pont-Neuf ; faut croire que de coucher sur la paille ou à la belle étoile, c'est sain. Je vous prie de croire que je ne m'en fais pas ; je suis heureux qu'il en soit de même de vous.

On a beaucoup marché, ces jours-ci. On ne dormait pas beaucoup de nuits, on les a même passées à blanc. On a été des vingt-quatre heures en selle, c'était bien un peu long, mais c'est la guerre qui veut cela : on n'est pas ici pour enfiler des perles.

Ce qu'il y a de bon, c'est qu'il fait un temps à peu près beau : quelques jours de pluie, mais on peut s'en tirer, on peut y résister.

On a vu les Prussiens quatre ou cinq fois déjà. J'ai entendu les balles et les boulets siffler au-dessus de ma tête, mais il n'y a pas eu grand mal de notre côté. Au régiment, on n'a, je crois, que deux morts et cinq ou six blessés et une dizaine de chevaux disparus : ce qui n'est rien en comparaison de ce qu'il devrait y avoir, si les Prussiens avaient bien tiré.

Je vous prie de croire qu'ils tirent mal comme des « cochons » : à 20 mètres, ils n'étaient pas « foutus » parfois d'en descendre ! Qu'est-ce que ç'aurait été, si nous avions été à leur place ! Quant à leurs boulets de canon, il n'y en a pas la moitié qui éclatent. Oh ! il y en a bien assez et même encore trop ! Ah ! ce n'est pas comme les nôtres ; les nôtres ? ils en font une vraie boucherie. C'est effroyable, le travail qu'ils font, là où ils tombent !

Maintenant, nous autres, on est retiré. Nous sommes allés découvrir l'ennemi et engager le combat ; c'est au tour de l'infanterie et de l'artillerie de

marcher maintenant, ainsi qu'aux
« zouzous » et aux tirailleurs algé-
riens : ces derniers ne sont pas les plus
mauvais ; ils en mettent du feu et ils
n'ont pas peur, eux !

A l'heure qu'il est, ça bombarde et
il en tombe des bonshommes par jour !
Mais il en tombe au moins trois fois
plus chez les Alboches que chez nous :
les Alboches sont bien moitié plus nombreux, mais quatre fois plus mala-
droits...

C'est en Belgique que se font les
opérations, tous ces jours ; on y était
aujourd'hui, nous sommes maintenant
à la frontière pour nous reposer un
peu, mais pas pour longtemps. En attendant, on voit du pays.

Allons, au revoir, au plaisir de vous
embrasser. Quel bonheur pour tous !

V.

C'est en Belgique aussi qu'un autre
dragon, de la même division mais d'un
autre régiment, reçut le « baptême du
feu ». Ses lettres, vives et brèves, ne
signalent le fait que pour remercier la
Sainte Vierge de sa protection manifeste.
Comment, sans le secours de ce cœur et
de cette main qui veillaient sur lui,
comment s'expliquer « avoir passé sous
le feu à bout portant et sous une longueur
de 200 ou 300 mètres, sans rien attraper »,

un jour de patrouille, et le lendemain, quand l'escadron était de découverte, « être resté seul des officiers et sous-officiers de l'escadron »? Mais c'était dans les fêtes du 15 août, et dans ces jours, comme on la priait, la bonne Mère du Ciel, pour le cher absent !

Aussi vite que nos fiers dragons, nos braves fantassins se familiarisent avec le bruit du canon d'abord et la mort ensuite. Eux aussi se félicitent du beau travail que font dans les rangs ennemis nos canons et nos fusils; ils soulignent plaisamment la peur étrange que prennent les Allemands devant leurs baïonnettes. De pareils poltrons n'ont de jambes que pour fuir; pourquoi donc se tracasser au sujet de ceux qui les poursuivent, armés de leur terrible « fourchette », qui n'attend que son baptême de sang, pour prendre le gracieux nom de « Rosalie »?

### Chers Parents,

Je vous assure que la guerre ne me tracasse pas beaucoup. Nous marchons tous avec entrain, on chante toujours. On entend bien tonner le canon à chaque instant, mais on n'y fait pas plus attention qu'à rien du tout. Nous savons que si nous avons à combattre, nous avons affaire à des poltrons, qui ont grand'peur des pantalons rouges...

Chers Parents, j'ai vu aujourd'hui
pour la première fois des Allemands
ou Alboches, comme on les appelle.
Ils étaient au nombre de 18, et venaient d'être faits prisonniers par des
chasseurs à pied, après un combat de
courte durée. Les Français ont chargé
à la baïonnette ; alors, comme les Alboches ont une peur épouvantable de
l'arme blanche, ils ont tous levé la
crosse en l'air, ce qui est signe qu'ils
se rendent. On les a désarmés et em-
menés entre deux haies de soldats.
Notre escouade était justement de garde aux issues, on était donc bien placé
pour les voir passer. Seulement on ne
s'est pas montré aussi cruel envers eux
comme ils le sont, eux, pour nous ; on
leur a donné à boire et le colonel avait
défendu toute manifestation hostile à
leur égard.

Continuez à priez pour moi.

Henri BIBARD.

C'est la prière qui fait jaillir du cœur
de Dieu les sources de bonté où nos « Jeunes » puisent les sentiments d'humanité
envers leurs ennemis; c'est aussi dans la
prière qu'ils retrempent leur courage avant
et pendant l'attaque. Ils voient en elle un
bouclier efficace contre tous les dangers:
la prière est pour eux une protection vi-

vante. Cette idée est ancrée à ce point.
dans leur esprit qu'ils donnent parfois le
nom de « cher Protecteur », à ceux, prêtres ou autres, dont la profession est de
prier. Au sortir du danger, c'est à eux,
après Dieu, qu'ira le premier merci du
cœur, et même ils seront souvent les seuls
confidents des détails pénibles qu'il faut
cacher aux pauvres parents. Rien de plus
touchant que cette confiance presque filiale, heureuse de trouver un autre cœur de
père dans le cœur d'un prêtre pour y verser des flots d'affection et de reconnaissance:

Mon cher Protecteur,

Tout d'abord, merci de votre carte.
Comme elle m'a fait plaisir ! Que je
suis heureux de recevoir des lettres
du pays natal, où on a laissé tant
d'amitiés ! Quelle joie aussi d'entendre dire que tous les jours, là-bas,
montent vers le ciel de nouvelles prières en notre faveur. Oh ! comme la
France en a besoin ! La prière seule
nous donnera la victoire finale ! Pour
moi la Sainte Vierge m'a soutenu dans
beaucoup de passes terribles. Laissez-
moi vous dire les impressions que j'ai
eues lors de mon premier baptême
de feu.

Nous étions dans un petit village,
oh ! bien loin, là-bas, et je ne puis.

pas vous en citer le nom. C'était en
pleine nuit. Notre compagnie était iso-
lée. Nous étions à peine installés, nos
avant-postes étaient placés ; je finis-
sais ma prière, je pensais même au
pays natal, là où j'ai tout pour me
donner du courage (mais avec l'aide
de Dieu et de la Sainte Vierge, on a le
courage voulu pour agir) et bien, tout
à coup, on entend une sentinelle qui
fait feu. A peine avons-nous eu le
temps (quelques-uns même n'ont pas
pris le temps d'emporter leurs sacs) de
sortir de la grange où nous étions réunis, une quinzaine environ, qu'une décharge est venue cribler la porte de balles.

Devinez quelle alerte par un ciel
sombre et noir ! Heureusement pour
nous que les ennemis avaient pris le
haut de la porte, car sans cela nous
étions fauchés. Ils avaient comme point
de mire ma lanterne, accrochée un
peu haut.

Nous sortons, nous barrons la route.
Ils arrivaient en grand nombre ; à
notre tour on décharge nos fusils sur
eux : leurs premiers rangs tombent
sous nos balles. Le capitaine, voyant
le danger, donne l'ordre de se sauver,
mais on ne voulait pas lâcher pied.

Bientôt ce fut la mêlée, mêlée épouvantable sous un ciel noir. Ah ! j'y
penserai toujours : être mélangés à ces

ennemis et, armés de nos terribles
baïonnettes au canon, tuant tous ceux
qu'on voyait n'être pas Français ! Le
ciel était si noir qu'on ne distinguait
pas toujours un Prussien d'un Français, mais quand on parvenait à les
connaître, jugez de ce qu'on leur en
donnait !

Ecrasés vite, hélas ! sous le nombre,
on se sauve comme l'on peut. Après
avoir dégringolé ravins et ravins, nous
nous sommes retrouvés, mais là moitié
manquait à l'appel. Quelle tristesse a
passé sur nos fronts ! Quel silence de
mort a régné parmi nous ! La joie
n'est revenue qu'au matin à 4 heures, en voyant arriver vers nous le
reste de la compagnie, moins deux ou
trois hommes.

Voilà, cher Protecteur, mon premier
baptême. Quelle horrible guerre ! Je
voudrais continuer l'histoire de ma
campagne, mais ce sera pour plus tard,
si le bon Dieu le permet.

C'est dans une lettre aux chers parents
que se trouve le récit trop bref, hélas!
de la fin de cette première campagne, qui
devait vite épuiser les forces du généreux
soldat. La deuxième, après un mois de
repos, lui donnait « du galon »; dans la
troisième, hélas, il devait trouver la mort,
mais la mort des braves, sous les murs de
Verdun, le 9 mai dernier; aucune n'effa-

cera l'impression d'horreur laissée par la première, le jour surtout où, brisé de fatigue et accablé par son mal, le brave caporal dut abandonner le champ de bataille de Mondement, au moment où ses amis du 77e s'élançaient à la victoire.

Mes chers Parents,

Je voudrais bien vous raconter toutes les passes terribles que j'ai vécues pendant ce mois de guerre, et vous expliquer mon premier baptême de feu ! Depuis ce jour, j'en ai essuyé d'autres et si je vous écris aujourd'hui, c'est grâce à la bonne Providence. En passant à travers la mitraille, en voyant tomber ses camarades à côté de soi, quelles impressions l'on ressent la première fois ! Qui donc en ce moment ne penserait pas à l'autre monde ?...

Pendant les deux ou trois derniers jours, je donnais tout ce que j'avais de forces ; je pensais que mon mal passerait, et je voulais rester. Pourquoi ? Parce que la victoire allait tomber de notre côté. Et je voudrais y être encore, là-bas, pour en tuer quelques-uns de ces terribles Allemands. Mais « on les aura » ; hélas ! ce ne sera pas sans peine.

C'est dimanche dernier, chers Parents, que j'ai donné le reste de mes forces (les voilà qui reviennent, heureusement !) après un combat terrible qui a duré toute la journée. Après avoir passé sous le feu de l'artillerie, je me suis traîné comme j'ai pu afin de rejoindre ma compagnie, qui était en avant. Je puis vous dire que j'étais bien résigné à mourir, puisque je m'en allais à travers une grêle d'obus qui labouraient la terre à ma droite et à ma gauche.

La nuit est arrivée et c'est à travers bois que j'ai rattrapé ma compagnie. Je me suis étendu au pied d'une meule de gerbes, en pensant toujours à la Sainte Vierge. Je crois bien que c'est elle qui m'a sauvé.

C'est dans cette nuit terrible que mon mal m'a pris. Le matin, pas moyen de marcher. Je ne voulais pourtant pas me faire porter malade, je voulais au contraire rester auprès de mes camarades sur la ligne de feu. Il a bien fallu me présenter au major, qui a reconnu mon mal au premier coup d'œil jeté sur ma figure. Après un voyage qui a duré trois nuits et deux jours, je suis descendu à Nantes.

Ne vous inquiétez pas trop de mon sort : dans un mois je serai de retour à Cholet.

Je finis en vous embrassant de tout mon cœur.

Emile GIRARDEAU.

L'énergie et l'endurance, le mordant dans l'attaque et le courage qui va jusqu'à l'épuisement des forces physiques, l'ardeur qui entraîne derrière le drapeau que porte la Victoire, tout cela ne caractérise pas l'âme tout entière de nos « Jeunes » à la bataille. Ils sont soldats, certes, mais ils sont surtout chrétiens. La vue de la mort les fait réfléchir et « penser à l'autre monde ». La pensée du ciel les dispose à bien mourir; ils font volontiers le sacrifice de leur vie à Dieu et à la Patrie, mais ils sauront la faire payer cher à l'ennemi. Sur ce point, les artilleurs ne le cèdent pas aux fantassins. Un maître-pointeur du 33e se charge de le prouver :

Cher Monsieur le Curé,

Merci des bons conseils de votre première lettre ; merci de toutes les prières que vous faites pour moi, elles sont certainement entendues et exaucées par Dieu et la Sainte Vierge.

Depuis mon départ, j'ai été plusieurs fois en première ligne sur la frontière et déjà j'ai reçu le baptême de feu, mais sans avoir la moindre atteinte.

C'était le 22 août. Nous étions, depuis deux jours, en position de tir sur une colline, non loin de la frontière. Le 21, nous avions balayé l'ennemi par 250 coups de canon, sans qu'il pût nous apercevoir. Le len-

demain matin, nous fûmes aperçus par
un avion allemand qui repéra notre
position, et, à 10 heures précises, les
premiers obus tombaient au milieu de
nos pièces. Le feu ne dura qu'un quart
d'heure ou vingt minutes au plus ;
il n'y eût qu'un sous-officier tué et
deux blessés, parmi lesquels se trouvait mon commandant, atteint grièvement à l'avant-bras gauche.

Je connaissais bien le pauvre sous-
officier, je l'avais entendu plusieurs
fois causer religion, mais il ne pa-
raissait pas être très pratiquant. Il
fut enterré dans le cimetière voïsin,
sans beaucoup de prières, car les balles ennemies arrivaient jusque là. Je
vous assure, cher Monsieur le Curé,
que cette mort et ces premiers effets
de la guerre m'impressionnèrent profondément.

Depuis ce jour, nous avons changé
plusieurs fois de position, mais nous
avons toujours été tranquilles. Nous
sommes actuellement dans un col, qui
ne paraît pas être très dangereux.
Si jamais pourtant l'ennemi venait s'y
présenter, je crois bien qu'il pourrait recevoir quelque chose, car, depuis qu'on a voulu nous attraper, tous
les hommes sont décidés plus que jamais à se venger.

Je vous assure, cher Monsieur le Curé, que tout cela est bien triste : partout sur la frontière, c'est le désastre et l'incendie. Aussi, je pense que vous priez pour moi tous les jours comme je le fais moi-même autant que la chose m'est possible, pour demander à la Sainte Vierge d'écarter ces terrifiants spectacles et cette mort que l'éloignement des siens rend encore plus effrayante. Et pourtant, je suis décidé à accepter de tels sacrifices, si le bon Dieu le veut.

Je vis avec confiance et espoir. Merci de vos conseils et à bientôt de vos nouvelles, que je suis heureux de recevoir.

Votre petit Henri affectionné,

H. F.

La peur d'aviver encore l'inquiétude des parents empêchera toujours nos « Jeunes » de leur écrire avec la franchise et la simplicité qu'ils mettent dans les lettres envoyées à leurs curés ou à leurs amis. Il y a pourtant une manière de satisfaire la curiosité sans jeter le trouble. Un charmant soldat du 40e, d'infanterie a trouvé ce secret et c'est vraiment un plaisir de lire la lettre qu'il envoie de son dépôt à ses parents inquiets. Il est difficile de mêler plus d'humour, à tant de sérieux chrétien et d'exercer un sens d'observation plus aiguisé, sur les opérations militaires.

Après s'être un peu amusé des commères qui partout « jasent et piaillent », avoir dit sa confiance, à lui, dans la victoire, qui ne peut pas nous échapper, et s'être excusé auprès de sa sœur de ne pas lui avoir envoyé une oreille de Prussien, le joyeux causeur en arrive au récit de son baptême de feu.

Bien chers Parents,

Je vous dirai que nous avons passé quelques moments assez durs aux avant-postes pendant quatre jours, avant d'attaquer en première ligne.

Le premier jour, la matinée a été calme. Vers 1 heure de l'après-midi nous approchions d'une grande colline, couverte de blé, où notre artillerie était déjà en position avec un deuxième régiment d'artillerie derrière. Il y avait aussi plusieurs régiments d'infanterie et de cavalerie.

Nous nous sommes assis sur nos sacs, dans le champ, à 300 mètres en arrière des batteries, regardant les obus allemands éclater à 50 et 100 mètres au-dessus des artilleurs, qui ne se dérangeaient point pour si peu. Le tir des Alboches n'était pas réglé du tout.

Au bout d'une demi-heure, un aéroplane vint survoler nos lignes ; après avoir reçu une centaine de coups de feu, il est allé renseigner les batteries allemandes sur nos positions.

C'est alors qu'un premier obus passa en sifflant sur nos têtes et éclata à 100 mètres de nous, en faisant un trou à mettre un wagon. On a commencé à comprendre que le tir se réglait et qu'il ne faudrait pas trop longtemps rester là.

Notre colonel commande l'attaque. Soutenus par l'artillerie, nous nous portons en avant. L'ennemi apparaît sur les crêtes, de l'autre côté. Ses batteries sont à 4 kilomètres, bien repérées par notre fameux 75. Nos mitrailleuses fonctionnent sans arrêt. En utilisant les trous et les replis du terrain, on avance : un officier tombe, puis quelques camarades. Il fait aussi mauvais en arrière qu'en avant. A 4 heures, les obus nous pleuvent comme de la grêle, et les arbres sont fauchés comme au « guaudron ». Heureusement, nous avons de l'artillerie de tous côtés et notre canon de 75 déchire l'air pendant deux heures.

Trois Ave Maria, et je me dis : « Tant pis, arrive qui pourra ! Il en reviendra bien toujours quelques-uns ! » A 5 h. et demie, on sonne de tous côtés la charge à la baïonnette. Les deux régiments de tête seulement ont eu le plaisir de les « pigouiller » un peu.

Mais ils ne nous attendent pas, les « sa-
lops » : la charge à la baïonnette ne
leur plaît pas, paraît-il.

Une heure après, sonne le rappel en
campagne et on est heureux. L'artillerie s'est avancée, canonnant l'ennemi,
qui a perdu pied de six kilomètres.
A 9 heures, on n'entend plus que quelques coups de feu de sentinelles ou de
patrouilles. Ce n'est rien, la journée
est finie et nos 0 fr. 05 sont gagnés !

Je ne parle pas du lendemain, qui
fut plus rude encore ; ce sera pour
plus tard. Ce soir-là, le régiment n'a
presque pas eu de pertes.

La guerre, c'est un peu dangereux,
mais à part cela, c'est intéressant. Il
y a de pauvres lièvres qui nous partent
de tous côtés, mais on les laisse bien
tranquilles : la chasse n'est ouverte
qu'aux Allemands...

Au revoir, Chers Parents, et soyez
tranquilles ; celui qui est distrait peut
se faire tuer, mais celui qui ne l'est
pas, ne peut pas y rester. Il faut toujours avoir de grands yeux ouverts.
Quand une balle arrive, avec la main
vous la changez de direction ou vous la
prenez pour la jeter par terre ; quand
il en vient plusieurs, on y met les deux
mains, ou, ce qui est plus prudent,
on se met ailleurs.

Au revoir, Chers Parents, et bon courage.

JOSEPH.

Comment dire les choses avec plus d'esprit et de cœur? Quelle bonne ruse de se moquer ainsi des dangers de la guerre, afin de mettre quelques sourires dans les yeux vifs de la grande sœur et derrière les lunettes de la vieille maman!

L'esprit n'est pas toujours aussi en éveil ni la plume aussi alerte dans toutes les lettres de nos «Jeunes», mais le cœur n'y manque jamais surtout quand il s'agit de trouver le moyen de passer légèrement sur les situations difficiles et de faire ressortir les succès remportés et les beaux côtés de la vie militaire en campagne.

C'est ainsi que l'esprit et le cœur se retrouvent dans cet autre soldat du 165e, qui raconte à son père, à ses frères, et à la grande sœur qui remplace la mère, les péripéties d'une journée de combat autour de la citadelle où son régiment est en garnison.

### Mon cher Père,

L'autre jour, mardi 25 août, avant de partir, je vous ai envoyé quelques mots pour vous dire que nous allions faire la chasse aux «casques à pic». Ce soir, je vous écris de nouveau pour vous raconter ce qui s'est passé.

Nous avons pris le train à 5 heures du matin (à 1 heure avait eu lieu le réveil) et on débarquait tout proche, peu de temps après. Tout de suite on nous envoya sur la ligne de feu. Nous avions bien une dizaine de kilomètres à faire, avant de voir ces vilains loustics. Nous voilà partis à travers champs, dans les avoines.

A midi, nous avons cassé la croûte au son de leurs canons tirant contre nos aéros, qui volaient au-dessus de nos têtes, mais sans en atteindre un seul.

Après avoir mangé, nous nous sommes remis en route pour les voir de plus près. A quelques kilomètres de là, en effet, nous les apercevions passant sur une crête. Ils nous envoyèrent quelques obus, mais, comme nous étions déployés en tirailleurs et que nous marchions par bonds, les obus avaient beau nous bien viser, ils tombaient toujours à la place que nous venions de quitter.

Nous avancions par bonds de 30 ou 40 mètres et au pas gymnastique : chaque fois qu'on s'arrêtait, on se couchait. Enfin, nous nous sommes tirés de ce passage sans aucun mal.

Un peu plus loin, nous avions la petite rivière de l'Orne à passer. A ce moment-là, notre artillerie commence à tirer, et nous passons le ruisseau à

-gué. Quelques chevaux se débattaient encore dans l'eau.

A notre arrivée au village de W..., nous ne voyons personne, mais voilà que les balles commencent à nous siffler aux oreilles. Nous nous couchons dans un fossé de la route pour être protégés. Pendant cinq minutes, ça pleuvait comme grêle, mais comme nous ne bougions pas, personne ne fut atteint.

C'est grâce à nos artilleurs et à leurs pruneaux que les Prussiens déguerpirent de leur tranchée, placée à 300 mètres de nous. En les voyant se sauver, nos chefs commandent un feu de salves : quand les fusils tirent ainsi tous d'un seul coup, ça représente une déchirure. Deux feux bien nourris furent exécutés et c'est tout ce que nous avons tiré dans notre journée, tout en poursuivant l'ennemi jusqu'au soir, à 7 heures.

A ce moment-là, comme ils étaient déjà loin, notre artillerie tira encore quelques coups de canon du côté où ils se sauvaient. L'infanterie fut rassemblée dans une ferme, la « ferme Rosa », où il y avait une quinzaine de blessés allemands, dont un capitaine. Au lieu de les achever, comme eux font pour les nôtres, quelques-uns leur donnaient à boire. Ici nous avons pu nous-mêmes étancher notre soif à notre aise.

En sortant de cette ferme, nous pensions nous reposer à la belle étoile, dans un champ où il y avait des gerbes de blé. Tout le monde était à peu près couché, lorsqu'on nous rassemble pour nous emmener dans un pétit patelin, qui se trouve en revenant du côté de Verdun. Il nous a fallu marcher encore jusqu'à minuit. Nous avons touché des vivres, du pain et de la viande que nous avons fait cuire et que nous avons mangé avant de dormir. Il était 2 heures quand on s'est couché, et le lendemain, à 4 heures, on était debout, prêts à retourner au feu. Mais voilà qu'on nous dit que nous retournions à Verdun. Nous étions joyeux de partir au feu, mais malgré tout, nous l'étions encore plus de revenir.

Nous sommes revenus à pied jusqu'aux casernes, auprès desquelles nous avons fait la popotte, et après une halte de 4 heures, nous sommes rentrés au cantonnement que nous avions quitté la veille. Beaucoup avaient mal aux pieds, car il nous avait fallu passer dans l'eau pendant le combat.

Ce matin, les officiers avaient réunion pour savoir le nombre d'absents. Dans le régiment qui comprend environ 3.000 hommes, il n'y a eu que

2 morts et 17 blessés : ce n'est pas
grand'chose et nous avons eu beaucoup
de chance pour le premier combat.

Maintenant nous sommes ici, couchant dans la paille et attendant encore
un ordre pour retourner les mettre en
déroute. Nous l'attendons d'un moment
à l'autre.

J'espère que mon petit journal vous
intéressera un peu. J'ai rapporté un
quart prussien et quelques balles ; si
j'avais su qu'on retournait ici, j'aurais
rapporté également un « casque à pic »,
comme beaucoup d'autres.

Nous sommes encore hors de danger
pour le moment, en attendant un autre
départ. Vous vous étonnerez sans doute
de voir l'ennemi en France, mais ras-
surez-vous, c'est un piège qu'on lui
tend : on le laisse avancer par ici pour
les cerner d'un autre côté...

Je termine...

Louis F.

Le même jour, un compatriote de Louis
F., soldat au 3e colonial, recevait, lui
aussi, non loin de Verdun, à 6 kilomètres
de Stenay, son baptême de feu ou plutôt
de sang. Il écrit d'une ambulance de Bre-
tagne pour rassurer sa sœur sur ses deux
blessures et lui faire partager son espoir
de la revoir bientôt avant de retourner
au feu, où « il ira encore, dit-il, de bon

cœur. » Son « petit journal » ne manque pas d'intérêt, lui non plus. Il complète deux pauvres cartes, trouées par la même balle, où se trouve, par étapes, le récit de sa campagne, jusqu'au jour de la bataille de Cesses.

Chère Sœur,

J'ai été blessé, le jeudi 27 août, à 6 kilomètres de Stenay, dans la Meuse. J'ai reçu deux balles d'un seul coup : l'une au coude droit, ce qui me gêne pour plier le bras, (ce n'est pas grand'-chose : la plaie a 4 centimètres de longueur et 1 de profondeur), l'autre, à la cuisse qu'elle a traversée, sans toucher aux os : ça me gêne un peu pour marcher, mais ce n'est rien.

Il était à peu près midi. Je me suis couché dans un sillon, et là je m'abritais contre les autres balles et boulets de canon qui passaient au-dessus de ma tête. Enfin, vers 2 heures, j'ai réussi à me retirer de dessous le feu de l'ennemi. Puisque je ne pouvais plus rien faire, je suis allé rejoindre les ambulances, où je me suis fait soigner.

Ah ! chère sœur, à ce moment-là, le seul recours que j'avais, c'était de prier Dieu et la Sainte Vierge, qui m'ont si bien gardé.

C'était la troisième fois que j'allais au feu. La 1re fois, c'était à St-Vincent, en Belgique, le 22 août. Nous avons eu une rude journée à passer. C'est là que Joseph... a été blessé ; c'est moi qui, le soir, l'ai ramené du champ de bataille. Je me disais : « Quelle chance de n'avoir rien eu ! »

On a tenu bon toute la journée. Les deux camarades que j'avais de chaque côté de moi ont été blessés. Quant à moi, une balle a traversé mon sac : je tressaillis, mais ce n'était pas celle-là qui était pour moi.

Ah ! les sales coquins ! Ils mettent le feu partout où ils passent ; les bonnes gens qui se trouvent dans ces pays-là sont bien à plaindre !

La seconde journée, le 25 août, à la Ferté, ça n'avait pas été grand'-chose. Nous nous sommes trouvés en contact avec un bataillon allemand, et le combat a duré une heure...

Il faut espérer que ça ne va pas durer longtemps, cette guerre ; il paraît qu'ils reculent maintenant, disent les journaux. Je pense bien en « Ménitte », Joseph et ta petite Hélène, embrasse-les pour moi. Je serai bien content qu'ils fassent toujours leur petite prière, pas pour moi, mais pour « tonton Félix », qui, pour le moment, est le plus à plaindre.

J'espère, moi, être guéri dans dix ou quinze jours. Où m'enverra-t-on après ? Je n'en sais rien. A Rochefort ou au feu ? S'il faut retourner au feu, ça sera encore de bon cœur.

Si nous avons le bonheur de nous revoir, j'aurai encore bien des choses à raconter. Espérons-le. Bien le bonjour à M. le Curé, et merci pour ses prières, faites pour moi et les camarades. Un bonjour à tous les voisins.

Edmond.

Le bonheur de revoir les siens ne lui fut pas refusé. Après une courte convalescence passée au sein de la famille, l'intrépide « diable noir » rejoignit d'abord son dépôt à Rochefort et peu de temps après son régiment, au front. Le 27 février, il fut blessé à l'épaule et quinze jours après, dans une ambulance de l'avant, il dut faire à Dieu et à la France le sacrifice de sa vie. Son frère Félix, du 32e d'infanterie, avait été tué, le 19 février, d'une balle en pleine tête. Les deux frères mêlaient ainsi leur sang pour la défense de la Patrie; la guerre les avait séparés, la mort les réunissait au ciel, auprès de leurs pieux parents, que depuis longtemps déjà le bon Dieu avait arrachés aux tristesses de la terre et placés dans le séjour du bonheur et de la paix.

# BIÈVRE

Pendant que nos braves Marsouins cherchaient à refouler le flot allemand au Nord de la Meuse, les fantassins de la 36e brigade prolongeaient leur effort au Sud de la Belgique. Après s'être vaillamment battus à Bièvre, dans le Luxembourg belge, ils durent, eux aussi, se replier devant les masses ennemies.

Dans une lettre adressée à son frère, un jeune gradé du Génie donne quelques détails sur cette bataille de Bièvre, et complète heureusement le billet laconique qu'un sergent du 77e avait envoyé à son père, quelques jours après cette chaude journée.

### Mon cher Papa,

Nous avons été sérieusement baptisés le dimanche, 23 courant. Beaucoup de camarades sont restés sur le terrain. Je m'en suis tiré sans une blessure. Me porte toujours très bien. Pense beaucoup aux amis laissés à M...

A 20 kilomètres, au sud de
Mézières, 26 août.

### Mon très cher,

Enfin j'ai reçu le baptême du feu. C'était le dimanche 28 août. A minuit, nous avions alerte et nous étions chargés d'organiser la défense de Bièvre, à 40 kilomètres au Nord-Est de Sedan.

Après avoir barricadé toutes les routes, le feu de l'artillerie allemande nous saluait, puis celui des fantassins. Nous étions sous une pluie de balles et de schrapnells, et cela de 6 heures du matin a midi.

Nous, la compagnie du génie, nous étions dans des tranchées et des maisons fortifiées. L'infanterie française faisait des trouées énormes dans les rangs alboches ; mais ils étaient 15000, et nous 5000 ! Finalement, nous fûmes culbutés et il a fallu battre en retraite. Nous avons défendu nos positions jusqu'au bout, si bien que lorsque nous fûmes délogés, nous n'étions plus qu'à 100 mètres des Allemands.

Des 20 hommes qui étaient avec moi, 14 sont restés sur le champ de bataille ! Aujourd'hui que notre compagnie (son effectif était de 266, au départ) est rassemblée, 111 manquent à l'appel ! De la 4e section, à laquelle appartenait notre cousin Joseph, un seul est de retour, et hélas ! ce n'est pas lui. Prie pour lui, mais ne le dis pas ; si par bonheur il était rallié à un autre régiment ! Quant à moi, je dois une belle chandelle à Notre-Dame des Armées.

Si tu avais vu cela, mon cher ! Les obus de l'artillerie prussienne nous éclataient sur la tête et les balles sifflaient tout autour de nous. Ce qui était bien plus triste encore, c'est que le feu des deux infanteries se croisait sur nous : celui des Prussiens et celui des Français, car nous étions très près de l'ennemi.

Je suis toujours bien persuadé que, grâce à vos bonnes prières, je survivrai à cette affreuse guerre en défendant vaillamment mon pays. Je me porte bien et t'embrasse de tout mon cœur.

Bonjour aux amis.

Ton frère : JOSEPH.

Au reçu de cette lettre, une messe d'action de grâces était célébrée par le « cher frangin » à l'autel de N.-D. de Beauchêne. Une autre le fut ensuite, quand, après des semaines d'angoisse, on apprit que le « cousin Joseph » avait échappé à la mort, le 25 août, et se trouvait prisonnier en Bavière.

## ERBEVILLER

En Lorraine, comme en Belgique, nos braves soldats du 9e corps opposent leur héroïque bravoure aux masses ennemies qui s'avancent. Le même jour, à Erbéviller et à Réméréville, ils se font écraser pour barrer la route. Nombreux furent ce jour-là, les « Jeunes du Bocage » du 32e et du 125e pour qui le baptême de feu fut un baptême de sang, dans l'étreinte de la mort.

C'est au curé de sa paroisse que l'ancien président du groupe de J. C. raconte ce que fut, à Erbeviller, pour lui et ses camarades cette terrible journée du 25 août, fête de Saint Louis, roi de France.

### Cher Monsieur le Curé,

Depuis quatre jours, nous voilà tranquilles ou à peu près, mais nous avons passé la journée du 25 août, jour de votre fête, dans des situations bien lamentables. Je vous dis ceci dans le plus grand secret, car je ne voudrais pas affliger mes parents et ceux de mes camarades.

Notre bataillon a engagé le combat dès le matin de très bonne heure. Nous avions devant nous un ennemi supérieur en nombre : une division contre deux bataillons, ou plutôt un seul bataillon. Nous nous sommes défendus avec une énergie incomparable, mais nous avons dû battre en retraite en laissant derrière nous de nombreux morts et blessés et parmi ces derniers des camarades et des frères.

Je vous en prie, ne parlez à personne de cette triste journée ; je n'en ai, moi, encore parlé à aucun. Je suis heureux de vous dire que, grâce à Dieu, j'ai pu échapper aux balles de ces cruels fusils, et pourtant elles ont passé bien souvent à mes oreilles. J'ai été couché plus de 4 heures sous le feu de l'artillerie ; les obus nous éclataient au-dessus de la tête, mais, Dieu merci, je n'ai pas été blessé.

Ernest, mon frère, est blessé, mais très peu, cependant. Il est maintenant à l'hôpital : une balle lui a presque traversé le poignet. Quoique fâché de le voir blessé, je suis content de le savoir parti : sa blessure n'est pas grave et le voilà à l'abri de toute attaque pour l'instant, en attendant qu'il revienne faire honneur au drapeau... Sur 1100, nous restons 500 à peine ! C'est épouvantable ; aussi nous sommes un peu démoralisés, mais ça ne durera pas. Sur 15 officiers, 8 sont morts.

Maintenant, l'avenir nous apprendra autre chose. Nous sommes sans nouvelle de la guerre. On nous dit que nous sommes victorieux, mais les Allemands sont toujours sur notre territoire ou bien près. Je ne comprends rien à tout cela.

Je suis heureux de vous dire que
nous avons des aumôniers. J'en ai vu
deux, l'autre jour. Ils sont bien utiles.
C'est épouvantable comme le bon Dieu
est offensé, et il faut qu'Il soit bien
bon pour ne pas laisser éclater sa
colère : sur 100 hommes, 95 blasphè-
ment son saint nom !

Cher Monsieur le Curé, je ne veux
pas que ma lettre soit un journal, mais
il m'était impossible d'en mettre moins
long. Je compte sur le secours de vos
bonnes prières, c'est toujours par elles
que le bon Dieu se laisse toucher. Je
prie aussi pour vous, matin et soir, et
pour que Dieu nous donne la paix.

Vous voudrez bien dire à mes chers
parents et aussi à ma femme, dont le
chagrin était si grand au départ et dont
la situation m'inquiète tant, dites-leur
bien à tous que nous nous portons bien,
ça les consolera.

Au revoir, cher Monsieur le Curé, et
croyez toujours à mon plus grand respect.                                   ALEXANDRE.

## REMEREVILLE

A Réméréville, le 25 août aussi, la
bataille fut sanglante et effroyable. Un
de ceux qui s'y trouvaient, et non des
moins braves, laisse deviner à ses pa-

rents, ce qui s'était passé. Pas n'est besoin de s'alarmer pour l'avenir, parce que, dit-il, « après un baptême de feu comme celui que nous avons eu, rien ne doit plus nous faire trembler. »

Il ne faut pas éveiller l'inquiétude des parents, mais à son curé on peut tout dire. De son hôpital, un « Jeune » envoie à son « cher pasteur » les différentes étapes de sa campagne et les impressions de son Baptême de feu. Un autre trace sur le champ de bataille lui-même le tableau qu'il a sous les yeux. Les deux lettres se complètent pour donner une idée nette de la situation.

### Cher Pasteur,

Pour moi, jusqu'au 24 août, la guerre n'avait été qu'une promenade. Partis de Poitiers, le 5, nous débarquions à Toul. De là nous partions du côté de Nancy, franchissions la frontière sans voir un Prussien, ni tirer un coup de fusil. Ramenés à Nancy pour aller en Belgique, nous allions embarquer quand MM. les Allemands, très bien renseignés sur notre départ de la frontière, faisaient leur entrée, et l'on nous a fait retourner du côté de ces Messieurs. Au lieu donc d'aller nous battre en Belgique, nous sommes allés du côté de Réméréville.

C'est le 24 août, vers 6 h. du soir, que nous avons reçu le baptême du feu. Il est tombé un obus à quatre pas de ma section, mais il n'a pas éclaté. Je vous assure, cher Pasteur, que l'on n'était pas fier, ce soir-là. Mais, à force d'habitude, on finit par s'y faire, comme pour autre chose.

A partir de ce jour, nous nous sommes trouvés à peu près tous les jours soit sous le feu de l'artillerie, soit sous le feu de l'infanterie. Il y a tout de même quelques jours plus durs les uns que les autres. Les plus durs furent le 24 et 25 août : en deux jours, nous avons perdu le tiers de notre régiment, environ 800 hommes entre morts, blessés et disparus...

Célestin G.

Bien cher Monsieur le Curé,

...Je vais vous parler un peu de notre situation ; seulement, ce petit résumé sera pour vous seul. Mon désir est que, lorsque vous l'aurez lu, vous le fassiez disparaître soit en le brûlant, soit en le cachant soigneusement ; parce que ce serait mal, me semble-t-il, ce serait un mal à mon avis, de mettre le trouble dans la contrée.

La première attaque eut bien lieu le 24 août, dans la soirée. Deux bataillons du 125e y ont pris part. Ce soir-là mon bataillon était réserve générale. Les deux autres ont eu des pertes considérables : c'était une vraie boucherie. Il faisait noir encore que la fusillade n'était pas finie.

Pour moi, j'étais de garde, le soir. On nous a envoyés, quatre hommes baïonnette au canon, accompagner une corvée d'eau, chargée de porter à boire aux soldats sur la première ligne de feu. A ce moment, tout était calme.

Quelles impressions me faisait ce premier champ de bataille ! De temps en temps, des morts, des blessés ; de tous les côtés, des plaintes. Un blessé a une balle dans le ventre, un autre a la joue emportée par un éclat d'obus ; celui-ci est blessé à une jambe, à une épaule, cet autre à la tête ou à la poitrine. C'est que, ce soir-là, il n'y avait pas assez de brancardiers pour suffire à ramasser tous les blessés. Il y a des blessés qui sont restés au moins 48 heures sur le champ de bataille. Pour moi, j'ai aidé à en emporter un.

Mais bref, pour l'attaque du soir.

Le lendemain, c'était notre tour. Dès la première heure, le matin, nous étions à creuser des tranchées ; elles étaient à peine finies, que les balles pleuvaient de tous côtés. La fusillade a commencé vers 9 heures du matin et a duré jusque vers 3 h. du soir. Ça pleuvait comme de la grêle.

J'ai eu, près de moi, quelques amis blessés et même quelques-uns tués. Ma compagnie est une des moins éprouvées : il n'y a que 25 hommes hors de combat, dont 4 tués. Il y a des compagnies où il y en a trois fois plus qu'à la mienne, et nous sommes toujours sous le feu de l'artillerie !

Nous sommes entourés de morts ; la peste va venir. On n'a pas pu les enterrer, vu le feu des pièces...

Bonjour à tous les amis de la J. C. et de l'Av. G. Cher Monsieur le Curé, je vous demande de prier et de faire beaucoup prier pour que nous soyons les vainqueurs et que nous ayons la paix, le plus tôt possible. La guerre, c'est la destruction des hommes, c'est une véritable boucherie.

Votre ami qui vous aime et vous embrasse tendrement.        F. R.

P.-S. — Chaque matin, en se levant, on se demande les uns aux autres si l'on vivra encore le soir, si c'est la dernière soupe ou le dernier café que l'on prend ensemble.

Dans la lettre écrite à ses parents, le soir de la bataille, pour annoncer la mort de son frère, victime d'un accident quelques jours auparavant, le même soldat, sobre de détails alarmants, en donne un cependant qui flatte à bon droit sa fierté militaire.

Chers Parents,

J'ai assisté à mon premier combat, hier. Je n'ai encore rien attrapé. Nous avons eu quelques morts et blessés. Nous sommes maintenant sur nos positions et les Prussiens ont sérieusement battu en retraite.

La 8e compagnie, la mienne, a mérité d'être citée à l'ordre du jour : nous sommes restés les derniers sur la ligne de feu ; c'est même ma section qui est restée après les autres; grâce au courage des hommes, surtout de nos officiers.

Mon chef de section, le sous-lieutenant de Bodina, qui est très courageux, est resté tout le dernier. Ce matin, malheureusement, il quitte ma section pour prendre le commandement de la 6e compagnie. Nous avions tous les larmes aux yeux, ce matin, en lui serrant la main.

Adieu, chers parents, espoir et courage.

Votre fils affectueux.

FIRMIN.

S'il y a parfois un légitime sentiment
de fierté patriotique à la pensée des exploits accomplis et des citations méri-
tées et obtenues, il y a surtout dans les
lettres de nos « Jeunes » beaucoup de
cœur. Leur cœur s'émeut en entendant ou
en se rappelant ces plaintes et ces cris
de camarades blessés, qui supplient qu'on
les emporte pour les soigner. La com-
passion, impuissante trop souvent, fait
naître des reproches à l'adresse des pauvres brancardiers qui ne suffisent pas
à leur immense besogne, au soir de pareilles batailles. Ce service, comme tant
d'autres, a pu manquer d'organisation au
début, mais le dévouement des brancardiers, presque tous prêtres ou séminaris-
tes, a suppléé aux insuffisances des hommes et du matériel. Quand les nuits ne suffiront pas pour leur dure et pénible besogne, ils y passeront leurs journées, et au
péril de leur vie souvent, ils s'efforce-
ront de soulager les corps de leurs pauvres blessés et de réconforter les âmes.
A cette double tâche ils mettront toutes
les ressources de leur esprit et toutes les
délicatesses de leur cœur chrétien.

Jugez-en plutôt par cette lettre d'un
brancardier divisionnaire, ni prêtre, ni
séminariste, mais qui en compte plusieurs dans sa famille.

C'était le 20 août. Après plusieurs
heures de marche à travers ce pays-

frontière , je suis arrivé au sommet d'une crête. Là, le spectacle s'offrit terrible à nos yeux : la bataille était engagée et j'allais recevoir le baptême de feu.

On nous donne l'ordre d'installer un hôpital provisoire. Ce fut vite fait. Nous prenons nos dispositions pour aller aux blessés. Nous montons nos brancards. Bientôt l'ordre était donné de marcher vers Nomény, où la bataille était engagée. Je me retire un tout petit peu et je récite mon acte de contrition : je pouvais ensuite marcher.

L'ordre est donné. On fait quelques centaines de mètres à peine et nous voilà sur le lieu du combat. Les balles nous sifflent de partout autour des oreilles, le canon gronde, les obus tombent à peu de distance de nous. L'ennemi bat en retraite sous les rafales de nos petits 75, qui les fauchent par vingtaine à la fois. Les blessés sont nombreux de part et d'autre.

Je me dirige vers un blessé, c'était le premier. A mon approche, il me crie : « Achève-moi ! » Je m'avance et lui demande. — « Où es-tu blessé ? — A la poitrine, achève-moi, il n'y a rien à faire ». — Aussitôt j'appelle un de mes camarades qui est prêtre ; il accourt. « Je suis prêtre, lui dit-il, veux-tu les secours de la religion ? »

Un sourire est presque venu aux lèvres moribondes du blessé. — « Oui, dit-il, je veux me confesser. » Je me retire un peu ; le prêtre, à genoux auprès du pauvre blessé, l'absout. Nous essayons ensuite de faire à nous deux un premier pansement, mais la blessure était mortelle. Quelques instants après, le malheureux soldat expirait dans nos bras, en prononçant ces derniers mots : « Ma mère ! ma femme ! mes enfants ! » — Il n'y avait plus rien à faire pour celui-là.

Nous courons à un autre, qui, lui, est complétement démoralisé. Il crie de toutes ses forces qu'il veut voir « son copain » qui vient d'être tué au combat. Lui, il a reçu deux balles qui ne sont heureusement pas mortelles ! Nous lui faisons le premier pansement à l'ambulance. C'est ainsi que toute la nuit nous avons travaillé.

Depuis ce temps-là, nous avons été tout à fait tranquilles, et je n'ai pas beaucoup de fatigues à supporter. Nous avons tous les soirs nos exercices de piété ; beaucoup de soldats y assistent et très pieusement nous récitons le chapelet, qui est suivi de la bénédiction du T.-S.-Sacrement !

Je me recommande à vos prières, qui me sont si utiles en ce moment.

Auguste N.

Entre deux batailles, nos brancardiers
tirent le meilleur profit de leurs loisirs,
qu'ils emploient aux cuisines, dans les
bois, ou sur les routes. A ceux qui sont
prêtres incombent de plus nobles et non
moins nécessaires occupations. Dans les
grâces de leur sacerdoce, ils trouvent toujours, le matin à la messe et le soir aux
réunions pieuses, de quoi relever le courage et nourrir la piété de ceux qui font
appel à leur dévouement. Ne sont-ils pas
les infirmiers, les médecins des âmes, et
même un peu leurs pères?

Dans les ressources fécondes de leur esprit et de leur cœur, quelques-uns trouvent
parfois les moyens de rendre attrayantes
et agréables ces réunions au pied de l'autel. Tel, premier entre tous, notre compatriote M. l'abbé Bellouard. Le missionnaire
diocésain, devenu caporal-brancardier au
314ᵉ, reste toujours le favori des Muses, de
la Poésie et de l'Eloquence; il charme
le cœur de ses soldats par ses discours en-
levants, ses chants patriotiques, ses pieux
et touchants cantiques. Depuis longtemps
déjà ses poilus lui avaient donné le nom
de « poëte des tranchées », avant que
ce nom lui fut décerné par le Maître illus-
tre, l'Académicien Maurice Barrès. L'émi-
nent écrivain a traduit les sentiments de
chacun de nous, soldats et amis du poëte,
dans son article étincelant de « l'Echo de
Paris »: « Chants de Consolation. »

Le même artiste a touché quelquefois de la lyre dans plusieurs poésies fugitives sur les héros et les choses de la guerre. Sa muse a vraiment été bien inspirée, quand elle a fait raconter à la Croix-Martyriot le récit de la bataille épique de Sainte-Geneviève. Nos soldats s'étaient-ils douté qu'ils auraient un si brillant interprète de leurs impressions et de leurs souvenirs ? ou ont-ils eu peur de les traduire eux-mêmes et ainsi d'alarmer inutilement leurs parents et leurs familles ? Toujours est-il que rares sont les lettres de nos braves du 314e, qui donnent des détails sur ces terribles journées du 5, 6 et 7 septembre 1914.

Le 5 septembre, au moment de prendre le combat, l'un d'eux promet à ses parents « d'y aller courageusement ». A la bataille de Norroy, le 20 et le 21 août, il a donné des preuves de sa bravoure.

### Mes Chers Parents,

Merci de vos deux lettres. Dans ces rudes journées de combat, on a besoin de réconfort et de paroles de consolation, car je vous assure que ce n'est plus ça la vie de caserne !

Jusqu'à présent, nous n'avons pourtant pas été trop malheureux ; nous n'avons eu à souffrir que de la chaleur intense.

Nous nous sommes battus surtout le 20 et le 21 août, deux dates qui seront gravées dans ma mémoire, tout le temps de ma vie. Je vous assure qu'il n'y faisait pas bon. C'était à 2 kilomètres de la frontière. Ma compagnie et mon escouade ont eu les honneurs du feu.

Malgré tout, nous sommes très calmes, confiants en Dieu et en nos officiers, et nous y allons courageusement, malgré les horreurs de cette maudite guerre...

## SAINTE-GENEVIEVE

Les chefs pouvaient compter sur les hommes qui mettaient ainsi toute leur confiance en eux; ils pouvaient leur demander des prodiges d'héroïsme pendant les trois jours de la bataille de Ste Geneviève, qui, plus que celle de Norroy, fut leur vrai baptême de feu. Au nord du « Grand Couronné » de Nancy, du haut de la colline, la Croix Martyriot, en les voyant si admirablement « tenir », devait sentir

Dans son granit courir une allégresse immense...
Elle n'assista jamais à séance pareille !

Alors ce fut, durant des heures, sans pitié,
Le formidable assaut, quatre fois essayé,

Qautre fois repoussé, les luttes furieuses,
Les sifflements d'obus, le cliquetis du fer.
Pendant que de partout en un fracas d'enfer,
Dans l'éclat des canons craquaient les mitrailleuses...
Mille ombres surgissaient et d'un élan sauvage
Partaient, la baïonnette affolée. A l'instant,
D'invisibles fusils tiraient à bout portant,
Dans les rangs dispersés jetaient d'affreux ravages...
Le Kaiser avait dit : « Montez ! » Mais le canon,
En beau français, vibrant, d'un seul mot, grondait :
[ « Non ! »
Il tonnait...
Quand ils venaient, le soir, par le sombre chemin,
On leur avait promis que ce serait demain
La victoire, Nancy, le vin français, la fête...
Les régiments fuyaient devant deux bataillons
Et mille morts, couchés dans l'herbe et les sillons,
Dénonçaient le mensonge et criaient la défaite. (1)

Grandes étaient les pertes de l'ennemi qui fuyait en déroute devant nos héroïques soldats du 314e; dans nos rangs, au contraire, elles étaient peu nombreuses : une vingtaine de morts, dont plusieurs officiers et quelques blessés. Dans nos familles, dans les jeunes foyers surtout l'inquiétude était affreuse. Dès le 9 septembre, un brave soldat rassure ses petits enfants et leur tendre maman :

Ma Chère A.,

Pendant trois jours, nous avons été au feu. Il ne faut pas t'en faire ; je n'ai pas eu peur, va ! Je suis retourné en bonne santé. Sois tranquille, je me porte très bien. Nous en avons tué

_______________

(1) Bulletin de Ste-Geneviève, p. 7 et 11.

beaucoup sans avoir, nous, beaucoup de mal ; nous avons fait aussi beaucoup de prisonniers...

Ne t'en fais pas .Moi, je prie beaucoup et je crois que ça me gardera toujours. Je prie beaucoup la Sainte Vierge de Beauchêne qui me protègera.

Ne crains rien, chère petite ; c'est bien dur, mais on se reverra dans quelques mois. Tu embrasseras mes deux petits mignons pour moi.

J'embrasse aussi toute la famille. A bientôt. Espérance.

A. C.

Parmi les héros de Ste-Geneviève, nombreux étaient ceux qui défendaient à la frontière la petite famille laissée au Bocage et qu'ils devaient parfois trouver agrandie. Aussi, leur ardeur militaire se doublait-elle de l'affection paternelle inquiète. Ceux qui défendaient leurs mères, leurs sœurs, leurs fiancées, ne leur cédaient pas en courage et se battaient, eux aussi, « comme des lions »: l'expression est tombée de la plume de l'un d'eux:

Chère Maman

et Chère petite Sœur,

Je ne suis pas encore mort, je suis même en bonne santé. La semaine dernière, nous nous sommes battus comme

des lions, plusieurs jours de suite.
Ce n'était pas le moment de fléchir :
les Allemands commençaient à bombarder Nancy. Il fallait sacrifier Nancy ou les hommes. Après un combat terrible, nous repoussions les Allemands avec beaucoup de pertes pour eux et très peu pour nous. On leur a pris de nombreux canons.

Je compte à présent retourner vous voir bientôt, car il me semble que le plus fort est fait. Je ne serais pas fâché que ça soit terminé, car nous sommes tous éreintés de fatigue...

Cette nuit pourtant nous avons bien dormi. Nous sommes chez des Bonnes Sœurs à Pont-à-Mousson ; elles nous ont très bien reçus et nous ont donné des matelas pour nous coucher.

On parlera de cette campagne au retour.

Je vous annonce que je vais passer sergent. Je dois ça à un acte de courage que j'ai fait à deux batailles. La première fois, j'étais resté seul sous le feu de l'ennemi pour rapporter un camarade, blessé de deux balles : une dans le cou et l'autre à l'épaule ; la deuxième fois, ne pouvant pas faire « tousser » ma mitrailleuse, j'ai brûlé 160 cartouches avec mon fusil et j'ai démoli une section de mitrailleuses ennemies. Alors, notre officier a fait

un rapport au colonel qui m'a porté
à l'ordre du jour et m'a proposé pour
sergent : ma nomination doit arriver
aujourd'hui ou demain.

Rien de plus pour le moment.

Votre fils qui vous embrasse tous
bien fort.               L. B.

Tous avaient vaillamment fait leur devoir ; soldats et gradés n'avaient du reste
qu'à regarder leurs officiers: Combescure,
Langlade, Montlebert et tant d'autres,
chantés par le poète. Le commandant Montlebert, qui «gardait le coteau comme un
lion son antre »!

       Sec et froid,
Son geste se dressait comme une barricade.
La victoire brisait son mors. Brutalement,
Contre tout, à lui seul plus fort qu'un régiment,
Il la tint en arrêt, prévint la débandade.
Il se l'était promis. « Ou marcher en avant,
Ou tenir ! Reculer ! Non, jamais ! Moi vivant,
A Sainte Geneviève, il ne faut pas qu'on entre ! »
Le sang coulait en vain à son front, à sa main :
Sentinelle farouche au seuil de son chemin,
Il gardait le coteau comme un lion son antre.
Un soldat accourut qui dit : « Mon commandant,
C'est intenable en bas. Le capitaine attend
Un nouvel ordre. — Va, réponds au capitaine :
« Qu'il reste »! — L'ennemi monte. — Dix contre
          [cent,
Tenez jusqu'à la mort, fit il d'un sombre accent,
Rien ne saurait compter quand l'honneur veut
         [qu'on tienne ! »
Il s'en alla pourtant, mais il était vainqueur,
Laissant derrière lui des lambeaux de son cœur

Errer parmi les morts du sommet solitaire.
Et depuis, quand des voix chantent sur le coteau :
« Triomphe ! » Les échos répondent aussitôt :
« Montlebert ! » et des mains applaudissent sous
[terre. (1)

Quand la terre de Lorraine applaudit au triomphe de Montlebert, le « héros de Ste Geneviève », la terre de Vendée lui fait écho pour applaudir les dignes fils de ceux que Napoléon 1er appelait des « Géants ». Pendant 18 mois, ils ont fièrement monté la garde à la frontière qu'ils avaient si bien défendue ; ils ont dû quitter cette terre, qui était pour eux un second Bocage, pour aller soutenir les défenseurs de Verdun, et empêcher les odieuses bottes du kaiser et du kronprinz de venir souiller ce seuil de la France de l'Est. Là encore, comme à Ste Geneviève, ils se sont montrés les fils des « Géants de la Vendée ».

## LA MARNE

Dans les mêmes jours où les soldats de la 59e division de réserve se couvraient de gloire en Lorraine, leurs jeunes amis de l'active, à la Marne, aidaient à culbuter les « hordes ivres » de Von Klück, à les re-

---

(1) L. c. p. 11.

jeter derrière Reims, avant de les conduire
à la frontière. Enfin, la retraite, l'épuisante
retraite était finie! La marche en avant,
la charge bruyante allait sonner dans les
clairons et dans les cœurs. Quels soupirs
de soulagement, quels cris de joie dans
les lettres et les carnets de route! Mais
quels baptêmes aussi, dans ces premiers
jours de septembre, où nos troupes harras-
sées recevaient une pluie de mitraille,
inconnue encore jusque-là. Cette profusion
de balles, de schrapnels et d'éclats d'obus
sème la gaieté dans nos soldats, quand ils
peuvent, eux aussi, répondre aux poli-
tesses de MM. les Boches.

Un joyeux sergent, que l'impossibilité
de riposter avait agacé sérieusement, au
matin du 7 septembre, se réjouit le soir
du même jour, dans une lettre à son cousin, de faire la poursuite aux Boches.

Il s'amuse gaiement de son « Baptême
de feu », un vrai baptême avec dragées,
celui-là, et non pas un « ondoiement » comme celui du 23 août, dit-il dans son carnet
de campagne.

### Mon cher Papa,

Nous venons de passer encore un
dimanche bien peu tranquille (le dimanche, c'est l'habitude). Toute la
journée, nous avons été exposés au
feu de l'artillerie, sans pouvoir répon-

dre un seul coup de fusil, et c'est parti-
culièrement embêtant, cette affaire-là.

Dès le début de l'action, le caporal-
fourrier a été blessé très grièvement
à quelques pas de ma demi-section.
Je vous assure que les balles, les
schrappnels et les culots d'obus nous
sifflaient bien désagréablement aux o-
reilles. Enfin je suis sain et sauf.

Les nouvelles, ce soir, sont très bonnes : les Allemands sont en retraite
partout, sauf en face de nous. Nous a-
vançons, ce n'est pas trop tôt ; voilà
déjà trop longtemps que nous battons
en retraite.

Amitiés à tous.

Mon Cher Cousin,

Nous venons d'assister à un petit
combat qui se passait là, il y a 5
minutes. Les obus éclataient autour
de nous que c'est un vrai miracle qu'il
n'y ait pas eu quatre fois plus de blessés. Dans ma section, il y en a sept.

Les nouvelles sont très bonnes. Nous
partons ce soir faire la conduite à ces
Messieurs. Espérons que nous les aurons rapidement conduits chez eux.

Hier, au cours du combat, nous avons
traversé un marais sur une longueur
de deux kilomètres environ. En beaucoup d'endroits, nous avions de l'eau

jusqu'aux f... Par-dessus le marché, nous avons couché dehors. Il n'y a pas d'erreur, c'est la bonne vie !

Au plaisir de vous revoir. Portez-vous bien et moi aussi.

JOSEPH.

P.-S. — Au moment où je vous écris, les obus boches éclatent à quelques centaines de mètres de nous. Heureusement, le 75 se met en batterie et les fera taire, nous l'espérons du moins.

Le joyeux troupier garde intacte sa belle humeur, sous les balles et les obus. Elle coule intarissable dans son carnet de route, même aux heures les plus critiques. En voici une page, qui montre sur le vif cette âme de soldat au soir d'une rude journée et à la veille du combat de Mondement, baptême solennel, où la brillante conduite du 77e lui valut une citation à l'ordre de l'armée et à son glorieux drapeau la croix de guerre.

Prenons position dans un bois. On canonne de tous côtés. Certains obus éclatent bigrement près. A la nuit, on fait cuire deux moutons, mobilisés le matin par les cuisiniers.

On me réveille à 11 heures pour manger et prendre le jus. Je me couche là-dessus. On dort fort bien dans ces bois au bruit du canon.

Très probablement nous nous battrons demain. La canonnade est effroyable du côté français. La lueur des obus éclaire l'horizon.

Nous nous réveillons au son des éclatements d'obus. On s'y fait. Vers 8 heures tout de même, il y a eu un coup malheureux : un obus allemand de 105 est tombé sur la 1re section de la compagnie ; deux hommes tués, 8 blessés, dont 2 ou 3 grièvement.

Une heure après, les infirmiers viennent les chercher. Le lieutenant récite devant les corps un *Pater* et un *Ave* ; nous répondons. Impression profonde mais de courte durée.

Le soir, coucher sans souper. Bonne nuit..., un peu serré. Lever, 5 heures. A 9 heures, départ pour prendre position auprès de Mondement. Nombreuses pièces en batterie. Canonnade fantastique...

Vers 3 heures, *recevons l'ordre d'enlever le village à la baïonnette.* Lorsque j'ai entendu le clairon sonner la charge, j'ai été soulevé d'enthousiasme. *Tous les soldats allaient avec un entrain extraordinaire.* A la sortie du bois, une nuée de balles, tirées par les défenseurs du château, met beaucoup de monde par terre. S... est tué d'une balle en pleine tête. Avançons quand même. Parvenons aux premières maisons, l'ennemi s'enfuit dans la plaine ; beaucoup des nôtres tirent dessus.

Le château et l'église de Mondement étant encore occupés, la position est déclarée intenable. Nous nous retirons dans le bois. Vers 6 heures, on amène une pièce de canon qui bombarde le château et l'église, pendant que deux autres tirent sur les fuyards. Massacre épouvantable.

De leur côté, les Allemands avaient fait beaucoup de mal aux troupes, artillerie et infanterie, qui occupaient le bois. La principale allée du château est détruite par les obus et couverte de cadavres d'hommes et de chevaux.

A l'attaque du château, le commandant, le capitaine, plusieurs sous-officiers et de nombreux soldats du 1er bataillon ont été tués. Mais le 75 a fait un carnage terrible. Le château flambe en partie (le général peut en faire son deuil !) ainsi qu'un certain nombre de maisons. La plaine est sillonnée de cadavres et aussi de blessés allemands qui crient toute la nuit. Les soldats et moi-même, nous sommes complètement insouciants au milieu de ce carnage. On s'occupe de manger et de dormir, tout comme aux manœuvres.

La section fait popotte à la Mairie-école. Tout est saccagé, pillé. Au milieu des routes, de grands trous marquent les points d'éclatement du 75.

Partons vers la Fère. Traversons une partie du vaste champ de bataille ; partout, blessés et morts étendus (beaucoup d'Allemands), cadavres de chevaux : c'est le champ de bataille dans toute son horreur.

Avons cantonné à la Fère-Champenoise. Les Allemands qui l'ont occupée ont fouillé presque toutes les caves ; mais ils n'ont pas tout trouvé. Partons vers le Nord, passons la Marne sur un pont de bateaux, puisque les Allemands ont fait sauter le pont principal.

Les Condéennes ont le sourire en nous voyant passer.

L'eau se met à tomber dans la soirée. Les hommes en majorité passent leur nuit à se faire sécher. Moi, je dors. Pluie aussitôt le réveil, c'est charmant. Nous sommes retrempés.

Mais les Allemands se barrent en vitesse. Voilà deux jours que nous n'entendons plus leurs canons. Les indigènes que nous rencontrons nous les représentent comme démoralisés. Ça va bien !

« Ça va bien », écrit le lendemain l'heureux soldat à « son papa », à qui il raconte son « baptême solennel » de Mondement. Il remercie Dieu de ce que sa

compagnie (c'est la 1re qui est toujours
la première partout) n'ait pas été très
éprouvée; il espère qu'il en sera toujours
ainsi et que bientôt il retournera sain et
sauf. Ce qu'il ne dit pas et ne déclarera
que plus tard avec un accent de franche
modestie et de sincérité parfaite, c'est
que pendant ces jours de lutte et de
gloire, il a échangé ses galons de sergent avec ceux d'adjudant d'abord, en l'es-
pace de deux jours, et enfin ceux de sous-
lieutenant, que deux fois il devait dorer
au feu de la bataille, en Belgique et en
Champagne.

Dans une lettre datée du 11 septembre
un autre de nos braves sergents raconte
à son frère ce que fut le combat de la
Fère-Champenoise et le résultat de la
grande bataille de la Marne.

Lui, hélas! ne devait pas revoir les
bords de la Sèvre ni redire ce qu'il avait
vu!

Mon cher Léon,

Dimanche matin, 6 septembre, nous
fûmes réveillés comme de coutume au
son du canon. Ce n'était cependant
qu'un début, le début d'une grande
bataille, la bataille de la Fère-Champenoise.

Après avoir reculé de 20 kilomètres
par jour depuis la journée de Bièvre, le
23 août, et être passés par Mézières,

en laissant Reims à 10 kilomètres sur notre droite, dans la direction de Paris, nous nous sommes arrêtés à la Fère, avec l'ordre de prendre l'offensive.

Donc, le 6, à 4 heures du matin, l'artillerie dés deux camps s'arrosait de projectiles explosifs. Les Allemands avec leurs gros obusiers nous tiraient ça de 10 à 12 kilomètres, de là un grand point de leur force, quoique leurs obus ne soient pas dangereux et ne fassent guère de victimes, tandis que nos petits 75, à une portée de 6 kilomètres, fauchent leurs soldats et les fauchent par 20 et 50. Ces derniers jours, notre artillerie a essayé l'obus asphyxiant Turpin, d'une très grande valeur au point de vue asphyxie, mais exécrable parce qu'il encrasse le canon.

Après s'être battus pendant quatre jours entiers, sans qu'on puisse constater grand déplacement de troupes de part et d'autre ; les Allemands se retirent en débandade, battant en retraite et laissant un grand nombre de morts sur le terrain.

Pour moi, qui suis du génie, je n'ai guère vu le feu, car notre compagnie est passée compagnie de corvée et doit se tenir en permanence en fin de colonne. Aujourd'hui dans la marche en avant, qui prend la direction de Verdun, la compagnie reste en arrière pour enterrer les morts.

A cette heure-ci, je suis chef de chantier. J'ai pour mission de faire creuser une fosse de 12×3×2, pour enterrer des chevaux. Le chantier est composé de 11 Allemands de la Garde impériale, surveillés par quatre fantassins du 29e, baïonnette au canon.

Malheureusement, nos pauvres régiments d'infanterie du 9e corps sont décimés, tels le 77e, le 125e, le 68e et surtout le 90e. Mais *nos armées sont victorieuses partout.* Nous composons la 2e armée repoussant sept corps allemands ; nous sommes en liaison avec les Anglais qui repoussent les armées allemandes du Nord, tandis que notre 3e et notre 4e armée refoulent les 4e et 5e armées allemandes en Alsace.

J'espère que dans un mois, je serai de retour parmi vous, sain et sauf.

Bonjour à tous. Je t'embrasse.

Joseph LENNE.

Quelle joie pour nos soldats de crier enfin : « Victoire ! » et de voir les Allemands fuir en déroute devant eux ! Plusieurs fois, au soir d'une rude journée de cette grande semaine, quelques-uns ont cru à une défaite et ont eu l'horrible

vision d'une nouvelle retraite épuisante.
Mais les généraux voyaient plus loin qu'un
petit coin de l'immense champ de bataille; ils organisaient la victoire que Dieu
allait donner à leur confiance, à leur té-
nacité ainsi qu'au courage de nos soldats. Tous, chefs et soldats, avaient été
merveilleux.

## DANS LA SOMME

Jointe à la vaillance de nos soldats, ce
fut la prière sans doute qui remporta la
victoire de la Marne. On priait partout, non
seulement à Paris, mais aussi en pro-
vince. On priait dans tous les sanctuaires
et devant toutes les Madones et les Croix
des carrefours du « Bocage ». Ce flot de
prières qui montaient ici de tant de cœurs
inquiets se grossissait de celles que faisaient, là-bas, tous nos chers enfants si
chrétiens. Comment Dieu pouvait-il rester sourd à tant de supplications, à la
voix ardente de tant de cœurs purs et
d'âmes, sanctifiées par la douleur et le
sacrifice? Bien souvent, dans leurs lettres,
nos soldats soulignent l'effet des prières faites à leur intention. Ils trouvent
dans la prière une protection et une force;
aussi s'en arment-ils avant d'aller au
combat et au milieu de la bataille. Enve-

loppés de prières, ils se sentent invulné-
rables.

A la veille d'aller en première ligne,
un caporal du 137e demande à un prêtre
de ses amis de consoler sa jeune femme
et ses deux enfants et le rassure sur l'é-
tat de son âme. Il est prêt à mourir, mais
les prières de sa femme, de ses parents
et de ses nombreux amis l'ont heureusement gardé jusqu'ici.

### Mon cher Ami,

Ma situation vient de changer. Sur
la demande du commandant, mon bataillon part en première ligne. Je serai désormais beaucoup plus au risque. Je vous écris aujourd'hui, bien
que très pressé, pour vous dire que,
hier, soir, je me suis mis en paix avec
le bon Dieu. De cette façon, si je reste
sur le champ de bataille avec beaucoup
de mes camarades, vous saurez que
nous nous reverrons là-haut, vous et
ma petite famille.

Je suis très heureux d'avoir servi
d'exemple, hier soir. A l'église, j'ai
vu un aumônier. Je lui ai demandé
de me confesser et beaucoup de camarades m'ont imité.

Maintenant comme auparavant je pars
avec toujours l'espoir au cœur. Je n'ai
nullement peur, car après tout, si j'y

laisse ma peau... Vous avez dit, lors du
départ de ma sœur pour le couvent : les
séparations de la terre sont un rendez-
vous pour le ciel !

Ne dites rien à personne pour le moment. Consolez le mieux que vous pourrez ma chère femme que j'aime tant.
Si je meurs, loin de vous, alors vous
pourrez prouver que je suis mort en
« Catholique et Français, toujours ! »

Je vous embrasse.

Jean.

Un mois après, dans une longue lettre,
il tranquillise sa femme toujours inquiète
et lui explique tous les détails de la bataille, qui fut son baptême de feu. Il est
difficile d'y mettre plus de bonne simplicité, d'affectueuse tendresse et d'esprit
de foi.

Ma chère petite,

Je m'empresse aujourd'hui de te mettre au courant de ma situation, car je
comprends que tu dois être bien inquiète....

Depuis le 18 septembre, jour où le
293e nous a remplacés au parc d'artillerie, nous avons marché pendant quelques jours ; ce n'est que le samedi 26
que nous avons pris le train à Com-
piègne...

Le mardi matin, vers 3 heures, nous
sommes réveillés par le bruit du canon
et de la fusillade, tout proche : c'était
paraît-il, le 137e qui était aux prises
avec l'ennemi. Vers 9 heures du matin,
mon bataillon reçut l'ordre d'aller renforcer le 65e, pour la prise du village
de Fricourt. Vers midi donc nous étions
en vue de la gare de ce village. Nous
n'entendions pas un coup de feu.

Toute la compagnie se déploya sur
un rang dans une immense plaine découverte. Nous faisions des bonds en
avant par escouades. Mon escouade, la
7e, marchait la dernière, à la gauche
de la compagnie. Comme la compagnie barrait déjà tout le champ jusqu'à
une route, et qu'il n'y avait plus de
place à gauche, je mis mon escouade
parmi les hommes de la 8e.

. Nous croyions les Allemands retirés
et nous avancions toujours. A peine
étions-nous arrivés à 200 mètres de
la gare, qu'ils se sont mis à tirer sur
nous. Les balles pleuvaient comme grêle et ce fut un moment terrible. Partout à côté de moi j'entendais se plaindre de nouveaux blessés. Une balle
frappa ma gamelle et alla tuer mon camarade de gauche.

A la fin, n'y tenant plus, nous fûmes
obligés de reculer. Beaucoup en se
sauvant furent encore blessés. J'étais

à côté du sergent de ma section ; il m'engagea beaucoup à ne pas reculer. Je l'ai écouté et toute mon escouade fit comme moi.

Avec notre sac sur notre tête en guise d'abri, nous avons marché à reculons sur les genoux et les coudes, sur une longueur de 200 mètres au moins. Après une demi-heure environ dans cette terrible position, nous sommes arrivés derrière un grand talus, où il n'y avait plus aucun danger. J'avais les genoux et les coudes tout écorchés, pour avoir rampé à travers les pierres. J'avais perdu tout ce que j'avais dans ma musette et mon bidon. Mais quel soupir de soulagement quand, le soir, au rassemblement, j'ai fait l'appel de mon escouade : pas un manquant, pas un blessé ! La 8e escouade, à laquelle nous étions mélangés, avait le caporal et 9 hommes hors de combat. Ce soir-là, la 21e compagnie comptait 3 morts et une trentaine de blessés.

Et tu me disais hier, ma chère petite, que tu priais mal ! Détrompe-toi, car si tu n'avais pas été exaucée, si le bon Dieu n'avait pas écouté tes prières, celles de notre petit Joseph et les vôtres à tous, jamais je ne serais sorti de cette pluie de fer ! Crois-le, ma chère, moi aussi je priais, va, dans ce terrible moment ; nous avons donc tous été exaucés. *Soyons reconnais- sants et prions encore pour remercier le bon Dieu.* Sois sûre que toute ma vie je me souviendrai qu'il m'a gardé le jour de la Saint Michel et les jours suivants ; car ce n'est pas fini !

Le lendemain, 30 septembre, fut aussi une journée mémorable. Le soir du 29, nous avons avancé sans peine ; nous avons pris place dans des tranchées à 100 mètres des Allemands. Quand la lune fut levée, il n'y eut plus moyen d'en sortir. L'un de nous levait-il la tête, il était sûr qu'une balle lui sifflerait aux oreilles. Il est vrai que nous rendions aux Boches la monnaie de leur pièce.

Dès le matin, au petit jour, l'artillerie allemande commença le bombardement de la gare, située à 50 mètres à peu près de la tranchée où je me trouvais. Toute la journée ce fut un vacarme épouvantable. Les deux artilleries, allemande et française, croisaient leurs feux sur nos têtes, se bombardant l'une l'autre. Quelques obus tombaient entre les tranchées. Les pierres, la foudre et les éclats passaient sur nos têtes. Un obus tombé sur les rails en fit voler un morceau de la longueur d'un mètre auprès du sergent qui était à côté de moi, sans nous faire de mal ni à l'un ni à l'autre.

Ce jour-là encore, le bon Dieu nous a gardés, puisqu'il n'y eut pas un seul blessé à la compagnie. Les jours suivants se sont assez bien passés, mais impossible, toujours de sortir des tranchées. Nous sommes restés là six jours durant, blottis les uns contre les autres avec nos sacs sur nos têtes. Nous sortions pendant la nuit avant le lever de la lune, pour aller chercher des vivres et faire du café, dans un petit bourg, à 2 kilomètres.

Le dimanche, 4 octobre, fut une journée comme celle du 30 septembre, mais cette fois il y eut des morts à la compagnie, dont un de la Pommeraie. Enfin, le lundi 5, de bon matin, nous avons été remplacés par un régiment de Nancy. Nous étions tous bien contents de sortir de là pour nous délier un peu les jambes, car ceux qui se plaignaient de faire trop de kilomètres avec le parc d'artillerie, ne s'en plaignaient pas pendant leurs six jours de tranchée, à genoux ou couchés.

Depuis ce temps, nous ne sommes pas malheureux, dans notre poste, moitié marais moitié forêt. Nous sommes très bien nourris : pain à discrétion, pommes et pommes de terre à volonté. Aujourd'hui, un extra : bâton de chocolat, confitures et boîtes de sardines. L'autre jour, il y avait distribution de gilets et couvertures.

Toute la compagnie voudrait finir la campagne ici. Mais, à la volonté du bon Dieu, qui sait ce qu'il doit faire de nous. Prions-le en attendant pour le remercier de m'avoir protégé pendant ces terribles jours et lui demander de nous protéger tous à l'avenir, vous et moi. Espérons, ma bien chère petite, que Dieu nous exaucera et que bientôt il nous réunira tous pour le prier ensemble.

En attendant cet heureux jour, je te dis que je t'aime et t'embrasse de tout mon cœur. Embrasse nos petits enfants pour moi. Bonjour à tous les parents et amis.

JEAN.

C'est la vie des tranchées qui désormais va s'imposer dans cette guerre de position que la tactique des Allemands a fait succéder à la guerre de mouvement. Mis en échec à la Marne par le génie de nos chefs et l'ardeur irrésistible de nos soldats, toujours pleins de foi en Dieu et dans l'étoile de la France, nos ennemis avaient cru sans doute en finir vite avec eux, s'ils les obligeaient à vivre sous terre et à y enfouir leur valeur guerrière.

Mais, ni le temps, ni le froid, ni la pluie, ni la neige ne devaient diminuer en rien leur endurance à toute épreuve. Les Allemands l'apprirent à leurs dépens en Belgique, autour de la ville martyre, Ypres la Belle, qu'ils ont pu détruire avec leur artillerie sans réussir jamais à la souiller de leurs lourdes bottes. Ils devaient l'apprendre au printemps suivant, en Artois, à l'attaque d'Arras et quelque temps après, en Argonne et enfin en Champagne.

Ceux de nos «Jeunes du Bocage» qui prirent part à ces diverses attaques y font à peine allusion dans leurs lettres; depuis leur baptême de feu au début de la guerre, rien ne les émeut plus. Ils se contentent de signaler les résultats acquis et quelquefois les espoirs déçus. Ce sont déjà de vieux troupiers, qui ne s'étonnent de rien et qui attendent patiemment la fin de cette «terrible guerre».

C'est aux jeunes recrues de la classe «14» et «15» qu'il faut demander des détails sur les opérations du front. Dans leurs lettres, ils ne le cèdent en rien à leurs pairs, ni en bravoure et belle humeur, ni surtout en foi et piété. Déjà ils se sont fait remarquer à la caserne pendant leurs périodes d'instruction, et à leur arrivée au front, ils ne démentiront pas les espérances que leurs chefs ont fondées sur eux. Eux aussi sont de la race et ils feront honneur aux ancêtres, à ceux qui ont fait la France et l'ont défendue. Ils ne manquent pas de panache même, et le panache va bien à leurs vingt ans! Leur naïveté peut faire sourire, mais leur courage émeut d'admiration et leur piété édifie.

C'est de l'âme de l'un de ces « Jeunes », humble travailleur des champs avant la guerre, que sont tombés les beaux sentiments de tendresse filiale, de courage guerrier, de foi profonde contenus dans les lettres qui vont suivre. Heureux les parents qui ont jeté pareille semence et les maîtres chrétiens qui l'ont fait lever. Heureuses les familles qui donnent de tels enfants à la France et au Ciel !

### Bien chers Parents,

Je suis sûr que vous vous ferez du chagrin parce que je m'en vais au front ; mais pourquoi vous en faire ?. mon tour est venu, il faut partir. Dieu, qui m'a gardé jusqu'à présent, me gardera encore. Je pars, le cœur content et la conscience à l'aise ; que j'aie la force d'accomplir tout mon devoir, c'est tout ce que je demande. Je n'ai besoin de rien, que de vos bonnes prières : c'est l'arme la plus puissante et la plus efficace. Prions avec confiance ; après les jours d'amertume viendront des jours de paix et de bonheur ! — Au revoir, chers Parents, ne vous faites pas de chagrin. Le Bon Dieu aura pitié de nous ; mettons-nous sous sa sainte protection, unissons nos prières et, quoique éloignés les uns des autres, nos cœurs ne feront qu'un. Le devoir avant tout !

# ATTAQUE DES TRANCHÉES
# DE MORTMARE

Des Tranchées, 8 mai 1915.

Chers bien-aimés Parents

J'ai été deux jours sans vous écrire, vous aurez trouvé le temps long, j'en suis sûr. Aussitôt arrivé des tranchées, je me suis bien empressé de vous envoyer deux mots pour vous tranquilliser. En même temps on m'apportait une lettre de vous et une d'André. Ce qui me fait de la peine, c'est d'apprendre que vous n'êtes pas bien portants. Papa se tracasse beaucoup de cette guerre et de moi, et toi, maman, tu es toujours malade et tu as l'air de te décourager. Pourquoi ce découragement ? C'est vrai que, depuis le temps que dure cette maudite guerre, on commence à en être fatigué. Il faut toujours avoir confiance en la miséricorde du Bon Dieu ; ce qu'il fait est juste, et nous, ses misérables créatures, ne murmurons pas contre les souffrances qui nous sont imposées, soyons toujours contents, même des peines qui nous sont infligées. — Moi aussi, Chers Parents, je vous assure que j'ai passé deux jours dans de terribles angoisses ; mon unique soutien, c'était la prière, et puis, je pensais à vous tous qui là-bas ne m'oubliez pas. Vous aurez vu sur le journal du 7 mai qu'au bois de Mortmare, nous avons pris deux tranchées ennemies. Eh bien ! c'est nous qui en avons chassé les Alboches, c'est notre compagnie qui, la première, est montée à l'assaut ! Je vais vous expliquer un peu comment cela s'est passé.

La veille au soir, on nous apprend cette nouvelle : Le lendemain, il nous fallait prendre d'assaut cette tranchée, à 7 heures du matin. A 10 heures de la nuit, nous partions n'emportant des vivres que pour deux jours ; pas de sac, que notre toile de tente en bandoulière. On arrive au petit jour, nous prenons place dans notre tranchée. Pour monter à l'assaut, nous avions chacun une échelle. Le cœur nous faisait bien tic-tac, mais tant pis, le devoir avant tout ! A 6 heures, notre artillerie commence son œuvre, et bientôt voilà qu'on ne se voyait plus dans la fumée ; nous n'entendions rien, les deux artilleries donnaient en même temps. Sept heures arrivent, voilà le moment de monter à l'assaut ! Chacun grimpe sur son échelle, et au même instant, nous nous élançons tout d'un coup sur la tranchée ennemie. La distance entre les deux tranchées était de 40 à 50 mètres. Nous arrivons sans presque recevoir un coup de fusil, tellement ils étaient surpris. Mais là-dedans ils nous guettaient ; nous nous couchons sur le parapet de la tranchée, les balles sifflaient de tous les côtés. Heureusement que, pour les avoir, nous avions de bonnes petites grenades à main que nous jetions dans la tranchée. Au bout de 20 minutes nous étions les maîtres : tous ceux qui étaient dans la tranchée ont été tués, on a fait aussi quelques prisonniers.

Voilà la première tranchée prise et Messieurs les Boches (ceux du moins qui l'ont pu) se sauvaient le plus vite possible.

Nous courons à la deuxième ligne : rien du tout ! ils s'étaient tous réfugiés dans le bois qui est à côté ; le bois de Mortmare. La tranchée était bouleversée par les obus. Ce n'était pas le moment de perdre son temps, chacun se mit à creuser. Au bout de quelques minutes nous étions un peu à l'abri ; nous levons la tête et nous voyons Messieurs les Boches grimpés dans les arbres pour mieux nous canarder ! Une ou deux salves de 75 et c'en était fait de cette ruse-là ! Ah !

les pauvres malheureux, qu'est-ce qu'ils ont pris pour leur rhume ! ! !

Tout s'est accompli au son du canon ; nous étions furieux comme des lions, mais nous avions le cœur content ; nos chefs aussi étaient contents.

— Ce n'est pas fini pour cela ; voilà qu'à 2 heures, les Boches s'amènent pour reprendre ce qu'on leur avait pris. Nous nous y attendions bien un peu ; une canonnade des plus furieuses survient : le canon, les fusils, les mitrailleuses, qu'heureusement on avait eu le temps de placer, tout crachait en même temps. Un instant, ils avaient pris pied dans notre tranchée mais à coup de grenades on les a eu vite balayés. A 3 heures, le calme revint.

Toute la nuit, quoique bien fatigués, chacun veillait à son créneau ; la nuit fut assez calme et le lendemain aussi. Pendant ce temps-là, on s'installait solidement. Mais ne voilà-t-il pas qu'au moment de la relève, une autre attaque commence ! Cette fois tout s'en mêle ! Le temps était tellement noir qu'on ne voyait pas à un mètre devant soi : le tonnerre grondait, l'eau tombait avec force, le canon, les fusils et tout le bataclan donnaient. En un quart d'heure nous étions enfondus comme des rats, mais aussi les Allemands n'avaient pu prendre pied sur nous ! La tranchée était pleine d'eau et pour se garantir des obus, on se courbait dans cette bouillie ; jugez comme nous étions propres ! Enfin, la relève fut faite, nous arrivons au cantonnement au petit jour et bien fatigués ; la faim, la soif et le « dormi », tout s'en mêlait, mais nous étions bien contents tout de même et nos officiers aussi. Malheureusement, tous n'ont pas eu le bonheur de retourner ; à la compagnie, il y a eu 70 manquants, mais heureusement pas trop de morts. Que voulez-vous, on ne peut pas faire d'omelettes sans œufs !

Je remercie le Bon Dieu de m'avoir protégé dans cette attaque ; espérons qu'il me conservera à votre affection, ne nous décourageons pas. Je vous raconte toutes ces choses, tel que c'est, mais ne vous attristez pas pour cela, au contraire.

A. BICHOT.

C'est le 25 septembre suivant à l'attaque de Thélus, près d'Arras, que devait tomber, face à l'ennemi, ce brave et généreux soldat. Avant la bataille, il laisse parler son cœur de chrétien dans plusieurs lettres à ses parents. Il croit à la victoire que les chefs ont si bien préparée, mais il l'attend moins de la formidable artillerie et du courage des soldats

que des prières et sacrifices faits par les
âmes généreuses et surtout de la direction
de ce Dieu des armées qu'on s'obstine
toujours, hélas! à écarter. Qu'Il se mette,
lui, à la tête des bataillons et la victoire
est assurée!

Hélas! la victoire finale se fait encore
attendre; l'heure de Dieu viendra quand,
sur les champs de bataille aura coulé assez
de sang pur et sur tous les champs de
la charité chrétienne assez de dévouement et de générosité pour payer la rançon
de la France.

### 20 septembre 1915.

...Nous avons une artillerie formidable, qui par son tir sur les tranchées
ennemies, prépare la prochaine attaque. Dieu veuille que nous obtenions
un résultat appréciable ! Je vous remercie, chers Parents, des bonnes prières que vous faites chaque jour pour
nous, espérons que tant de sang versé
et tant de sacrifices calmeront la colère de Dieu.

Hélas ! il y en a encore tant qui
ne veulent pas le reconnaître comme
notre Maître ! Faisons notre devoir et
mettons-nous sous la sainte protection
du doux Cœur de Jésus ! Bien chers
Parents, je suis sûr que vous vous
tourmenterez beaucoup de moi ; je
ne serai pas le seul à plaindre.

Lorsque vous entendrez parler de Robincourt et peut-être de Thélus, qui apparaît devant nous, pensez à nous, chers Parents, nous y serons ! Que vos bonnes prières viennent nous donner courage et espoir. Ne vous tracassez pas à mon sujet, c'est inutile ; *j'ai le bonheur, moi aussi, de pouvoir communier, et quand on a Dieu avec soi, que peut-on craindre ?* Mettons-nous sous sa sainte protection et que sa sainte volonté soit faite et non la nôtre ! Je serai sans doute quelques jours sans vous écrire ; priez davantage.

Au revoir, Parents bien-aimés. Confiance en la miséricorde du Bon Dieu. Votre fils qui vous aime et vous embrasse bien fort.

22 septembre.

L'heure du sacrifice est venue. Il y a assez longtemps que les Boches sont chez nous, il faut les chasser. Malgré la préparation d'artillerie, *si le bon Dieu ne se met pas à la tête de nos armées, tous nos sacrifices seront vains.* C'est pourquoi, chers Parents, je vous recommande de bien prier pour nous tous. De moi, ne vous tracassez pas, *je fais à Dieu le sacrifice de ma vie*, il fera de moi ce qu'Il voudra : la conscience à l'aise, que peut-on craindre ? Ces paroles vous feront de la peine, j'en suis sûr ; mais au contraire, réjouissez-vous ; je ferai tout mon devoir et Dieu me protégera.

*23 septembre.*

Nous partons cette nuit pour nous rapprocher des tranchées. Nous ne devons aller prendre position que demain soir. C'est à la volonté du bon Dieu. Que sa sainte volonté soit faite ! Ce matin, j'ai eu le bonheur d'assister à la messe et de communier.

*24 septembre.*

Bien chers Parents,

L'heure grave approche, nous allons aux tranchées, ce soir. Tous nous partons d'un bon cœur. Je me recommande beaucoup à vos bonnes prières ; et je suis sûr que vous ne m'oubliez pas. Ayons confiance en la miséricorde du bon Dieu et mettons-nous sous sa sainte protection.

Au revoir, chers Parents bien-aimés, confiance et espoir.

Votre fils qui vous aime beaucoup et vous embrasse bien fort.

Priez pour lui.

Vive la France !

A. BICHOT.

VIVE LA FRANCE! C'est avec ce cri sur les lèvres que nos «Jeunes» se préparent à l'attaque, montent à l'assaut, poursuivent l'ennemi ou tombent et meurent. C'est pour qu'elle vive, elle, la Grand'-Maman, qu'ils sont prêts à mourir, eux, ses enfants, s'il le faut. C'est son triomphe qu'ils rêvent, très beau, quand ils «tiennent» pendant des mois dans les tranchées et qu'ils entrevoient tout proche, à la veille d'une attaque. Aussi ils y vont de bon cœur, prêts à recommencer si le coup ne réussit pas. Et si dans la marche en avant ils méritent les félicitations de leurs chefs, moissonnent «du galon» ou une Croix de guerre, ils s'en excusent presque en disant que c'est bien simple et que tout le monde en aurait fait autant: il suffit d'accomplir son devoir.

C'est l'impression qui se dégage de cette petite lettre d'un brave zouave qui a reçu ses premiers galons à la bataille de Champagne. Dès le 21 septembre, il promettait de satisfaire sous peu la curiosité d'un prêtre de ses amis, et le 5 octobre il exécutait sa promesse, sans vouloir effaroucher la censure.

## EN CHAMPAGNE

Sous les pins, 21 septembre.

Cher Bon Père,

Ce ne sera pas encore celle-ci qui vous régalera entièrement. Je ne suis pas encore dans la tranchée ; mes impressions ne peuvent donc pas être celles que j'aurai sous la mitraille. Je ne serai sans doute pas longtemps à y aller, mais la censure m'empêche de vous dire où et quand ça sera. Ce qu'il y a de certain, c'est que le mois ne se passera sûrement pas sans qu'il y ait du nouveau... Nous attendons l'ordre de partir en avant. Vivement, que cela vienne, pour que je puisse décrocher mes premiers galons. J'y compte depuis quelque temps ; c'est à Dieu que je les ai demandés et je suis sur le chemin pour les avoir... Je me trouve à la lisière d'un bois, rêvant à la victoire et à la paix prochaines.

J'ai confiance et je n'en démordrai pas.

Emile.

Le 5 octobre.

Je vous avais promis une longue lettre pour vous dire mes impressions de tranchées à l'attaque. C'est toujours la même chose : une certaine appréhension avant l'attaque, juste au moment du signal du départ et ensuite, plus rien. C'est bien simple : une petite recommandation à N.-D. du Perpétuel Secours, puis « Notre Père » et « Je vous salue, Marie », et avec ces deux petites armes peu dangereuses on part à l'assaut.

Ce n'est pourtant pas gai de voir des camarades tomber à droite et à gauche, en songeant que peut-être son tour approche ; finalement, on arrive et puis plus rien. On est tout surpris de se retrouver plusieurs camarades ensemble.

Ce qui nous fait plaisir maintenant c'est que la moitié du temps nous nous battons en rase campagne. Ce n'est pas l'assaut d'une tranchée à l'autre, c'est plusieurs lignes qui tombent entre nos mains. Ça n'arrive pas tous les jours, mais cela va venir à brève échéance.

Que je serai heureux le jour où je pourrai aller remercier N.-D. de Beauchêne ! Quelle bonne communion d'action de grâce je vais faire ! Plaise à Dieu que j'y réussisse ! J'en ai l'espoir.

J'aurai une bonne nouvelle à vous apprendre d'ici peu ; ce qu'il y a de certain pour le moment, c'est que je suis proposé pour caporal et je vais être cité à l'ordre du régiment. Plus tard, je vous raconterai cela ; actuellement je crains la censure.

Ce soir, je viens d'apprendre une bonne nouvelle : on refoule les Allemands et on fait des prisonniers sur toute la ligne ; on vient de le dire au rapport.

Il y a sur cette carte des choses que je ne dirais pas à mes parents, mais je les dis à vous, qui, en qualité d'homme de Dieu, pouvez regarder les choses en face.

Je termine en vous embrassant de tout mon cœur, comme un fils peut embrasser son père.

Emile B.

Quelques semaines plus tard, le charmant « zouzou » expliquait de vive voix à ses amis, sans craindre la censure, quel hardi coup de main lui avait valu ses galons et à quel pénible malentendu il devait de n'avoir pas la croix de guerre, si bien méritée. Son moral ne baissa pas pour si peu. Une croix manquée ? la belle affaire ! Il en gagnera une autre, et si on lui joue le même tour (ce qui est arrivé !) il écrira gaiement : « Désormais il ne me la faut qu'avec la palme ! »

Ni l'épreuve morale, ni la vie de tranchée pendant cinq mois de pluie, de froid

et de neige n'ont pu refroidir son ardeur
guerrière, sa foi vive et sa belle confiance
dans la victoire qu'il faut remporter à tout
prix. Quelques jours avant la bataille de
Verdun, où il devait donner de nouvelles
preuves de son énergie et de sa bravoure,
il s'indigne d'apprendre qu'à l'arrière le
« courage civil » est en baisse, et il écrit
à ses parents:

Le 10 février.

Chers Parents,

Vous me dites que chez nous on
commence à trouver la guerre longue,
que le moral civil baisse. Eh bien !
quoi ? Et nous, les soldats, qui avons
toutes les fatigues de la guerre et qui
en avons bien entendu d'autres, eh
bien ! nous, « on tient » toujours !

*Il faut vaincre.* Si le civil ne veut pas
« tenir », ce n'est pas la peine que
nous tenions, nous, les sacrifiés ! Pour
nous aider dans notre travail, il ne faut
pas que l'Intérieur (qui souffre sans
doute, ça c'est compris !) fasse la « mi-
jolée » et travaille à réduire tous les
sacrifices que nous avons faits à l'inu-
tilité complète.

Nous n'avons qu'un ennemi ; eh bien !
*il faut vaincre !* Si nous étions battus,
*réfléchissez aux résultats qui pour-
raient s'en suivre.* Moi, je « n'en pince

pas » de recommencer la guerre dans
quinze ans. C'est ce qu'il faut comprendre. On ne peut pas tout faire :
économiser des vies humaines et finir
en cinq secs ! Ce qu'il faut, c'est un peu
de patience, un peu plus que l'adversaire. Si vous trouvez des pacifistes,
qui causent sans savoir, eh bien ! rap-
portez-leur les paroles d'un soldat !
Tenez, assez sur ce point ; cela suffit
du reste pour que vous me compre-
niez...

Je vous embrasse,

EMILE.

Rien ne peut vaincre de pareils soldats.
Il s'en doutait bien, le pauvre kronprinz,
qui pour les faire au moins céder, lança
sur eux des nuées de gaz asphyxiants, la-
crymogènes et autres, une pluie de feu et
un ouragan de fer, avant de lancer ses
hommes ivres d'éther à l'assaut de la forteresse de Verdun. Il se flattait d'y réussir
en cinq jours et après quatre mois d'efforts
inutiles, il se voit obligé d'y renoncer,
d'abaisser son orgueil devant le courage de
nos braves. De tous les soldats qui ont soutenu ce terrible choc, des zouaves, tirailleurs et chasseurs des premiers jours, de
l'héroïque XXe corps qui les a remplacés,
de la 59e division de réserve qui les a
soutenus dans les travaux de défense, et
enfin de tous les braves du IXe corps qui

ont admirablement « tenu » à la cote 304 et dans les environs, de tous nos héros du Bocage et d'ailleurs on peut dire ce que Napoléon disait avec orgueil des siens, en 1813 : « Mes soldats, le courage et l'honneur leur sortaient par tous les pores. »

## VERDUN

Le 21 février, le monde entier a les yeux fixés sur Verdun. Un bombardement intense, dans lequel sont employés tous les produits de la maison Krupp, depuis les 420 jusqu'aux lance-flammes, prépare le chemin aux sept corps d'armée que pousse le kronprinz. L'impérial cambrioleur sentait bien qu'une forteresse comme Verdun ne se prend pas comme une montre; il voulait y mettre le prix et il en est pour ses frais. Le ciment du fort de Douaumont pouvait se briser et s'émietter sous les coups des 420, mais rien ne devait briser le courage de nos soldats, qui attendaient héroïquement les Brandebourgeois pour leur faire payer cher leur audace.

Dans la garnison il y avait nos chasseurs et puis le glorieux 165e! Les braves « cent six cinq » étaient là! Dans la « Liaison », leur intéressant journal de tranchée, ils narguent fièrement le kronprinz, qui pensait les enflammer, les asphyxier ou les suffoquer.

« O mon prince ! Enflammés ? oui, nous l'étions tous, mais d'un courage héroïque ; suffoqués, asphyxiés ? Oh, pas du tout ! En France, on a du souffle ! et notre clairon qui sonnait et nos héros qui montaient à l'assaut, étaient-ils fatigués ?

Suffoqués ? Oui, les Neutres le furent. Vous le fûtes aussi, dit-on, et Mackensen vous porta le cordial ; votre empereur de père s'irrita fort et sur son casque impérial, l'aigle allemand perdit ses dernières plumes. Vous aviez dit dans votre juvénile présemption : « Verdun est à moi ! » Non, Altesse, Verdun, ça, c'est encore à nous ! C'est « notre chose » et pour la défendre des camarades sont tombés... Verdun ! ça, c'est toujours à nous ! »

Dans cette magnifique défeuse, hélas ! oui, des camarades sont tombés ! Sous cette canonnade folle, dans cette neige froide, sous ces jets de pétrole, dans ces fumées asphyxiantes, beaucoup ont trouvé une glorieuse mort. Dieu veillait sur les siens : il prenait les uns pour leur donner au ciel une récompense digne d'eux et que la terre ne peut offrir, et il gardait les autres à l'affection des parents et amis qui ne cessaient de les recommander à la protection de la Mère du Ciel.

Avec quel accent de piété un charmant « cent six cinq » explique à quelles sources il puisait son courage et sa confiance et remercie le ciel de l'avoir arraché à la fournaise et conservé pour d'autres exploits.

Mon cher Père,

Comme vous dites vrai en disant que c'est en Dieu que l'on trouve la force et le courage ! Aussi, comme je me suis senti heureux lorsque, le 21 fé-février, étant parti faire des travaux, nous fûmes surpris par le déclanchement de l'attaque ! Le bombardement fut si intense que tout de suite on a deviné de quoi il s'agissait.

Je me sentais heureux, dis-je, de posséder mon Dieu en moi-même, (j'avais communié la veille). Je le possédais bien indignement, hélas ! Je n'ai pas cessé d'invoquer la Sainte Vierge pour obtenir sa protection pendant la lutte. Je n'ai pas pris part directement au combat, car ma section faisait partie de la garde du drapeau. Nous étions donc réserve, et seules les rafales d'obus pouvaient nous atteindre. Tout près de moi, il y en a eu six qui ont été tués et mis en miettes ; un septième serait resté enterré vivant si je n'avais pas été là pour le dégager à ses appels de détresse. (1)

---

(1) Cet acte de courage et de dévouement lui valut plus tard une citation et la croix de guerre.

Comme je me sens heureux aujourd'hui de pouvoir jouir du grand privilège d'avoir été protégé par Dieu et ma bonne Mère du Ciel ! Aussi, ce matin, premier vendredi de Carême, je n'ai pas manqué de renouveler cette visite du T. Saint-Sacrement, recevoir mon Dieu et le remercier de la grâce qu'il a bien voulu m'accorder à moi et aussi à mon frère. Séraphin, lui aussi, a pris part à la lutte, le lendemain de son arrivée à Verdun ; il en a été quitte pour une blessure à la joue droite et à l'épaule ; c'est le 29 qu'il a été blessé par un éclat d'obus.

Je vous assure qu'ils en avaient, les Boches, des canons, des obus et de la poudre ! Ce n'était pas de la poudre d'escampette, parce qu'elle ne manquait pas de faire éclater les projectiles dans lesquels elle était enfoncée. Aussi, que de ravages ils ont causés, ces engins, là où ils sont tombés !

Espérons que les Boches vont être bientôt à bout de ressources et ne plus pouvoir renouveler ces vains efforts acharnés auxquels ils se livrent depuis 15 jours. A notre tour, nous aurons le bonheur bientôt de pouvoir les chasser de chez nous pour les anéantir une bonne fois pour toutes, en les forçant à nous donner la victoire.

C'est sur cette pensée que je termine en vous donnant une cordiale poignée de mains.

Louis F.

Dans toutes les lettres qui arrivent de Verdun, après les premiers jours de l'atque, la même confiance et aussi la même reconnaissance jaillit du cœur de nos héros.

C'est le vaillant caporal zouave qui écrit, à la date du 10 mars, pour rassurer tous ceux que son long silence a mis dans l'inquiétude.

Je suis toujours bien vivant. Cela a chauffé dur, mais on s'en est tiré quand même. Je ne crains rien, car j'ai sur moi l'image de N.-D. du Perpétuel Secours. C'est le meilleur bouclier qui puisse exister ! Je compte vous voir bientôt....

A bientôt donc. Je vous embrasse.

Emile.

C'est un autre jeune zouave, de la classe « 15 », non plus du 9e, mais du 1er bataillon, qui s'adresse au même, à son arrivée au repos :

Moi aussi, j'ai participé à la grande bataille de Verdun ; je vous assure que ce n'était pas gai. Je ne croyais pas qu'on pouvait sortir d'une fournaise pareille. Dieu a voulu que je m'en retire sain et sauf ; que son saint Nom soit béni !...

Celui qui vous aime.

Antonin B.

Pendant que nos zouaves et nos fantassins rivalisaient de courage avec les « diables bleus » et les tirailleurs, nos grands chefs remédiaient à la « situation délicate » où se trouvait la forteresse de Verdun, en organisant les travaux de défense. C'est aux aînés de nos chers « Jeunes » du Bocage, aux soldats de la 59e division de réserve, qu'ils s'adressaient pour cette mission difficile. Nos réservistes viennent de quitter la Lorraine, qui était devenue pour eux une seconde Vendée, depuis qu'ils l'avaient sauvée de l'invasion au début de la guerre et arrosée de leurs sueurs pendant 18 mois ; ils croient partir au repos, avant d'aller en Argonne, leur a-t-on dit, et voilà qu'un ordre inattendu les dirige du côté de Verdun. Seuls, les permissionnaires qui se promettaient d'aller revoir le cher foyer et la joyeuse famille qui les attend, se plaignent un peu de ce contretemps. Ils s'en consolent à la pensée que ce n'est que partie remise et dans leurs lettres ils essaient sans trop y réussir, hélas ! à faire partager leur espoir à celles qui, 40 jours durant, auront encore à trembler pour eux.

Quand ils écrivent aux amis, ils rient des misères du métier et sèment des réflexions qui ne manquent pas de saveur. Leur philosophie peut faire parfois sourire, mais leur foi et leur piété sont toujours édifiantes.

Voilà, entre autres, un « Jeune » qui n'entend pas le progrès au vingtième siècle à la manière du « vieux Fritz »; il n'a pas tort du reste, et sa foi de « Chouan » aura raison un jour de la « Kultur » du kaiser.

## J. M. J.

Depuis notre départ en Lorraine, la situation n'est pas plus belle. Au lieu d'aller passer quelque temps dans un camp au repos, nous sommes venus dans un petit coin où les gros canons ennemis font de beaux trous. Voilà déjà plus de 15 jours que cela dure. Ce vieux « Fritz » n'aura tout de même pas toujours des marmites à nous expédier pour ne pas faire grand'chose !

Jusqu'ici, Dieu nous a beaucoup protégés ; nous vivons toujours dans sa bonne miséricorde. Et pourtant, il y a des victimes, mais je comprends très bien que ce n'est pas facile de faire une guerre sans victimes.

Nous sommes au vingtième siècle ; il faut avouer pourtant que les progrès ne sont pas très épatants ! Je ne me décourage jamais, bien que j'assiste à des spectacles qui ne sont pas toujours bien gais. On n'est pas malheureux, et on est très bien pour voir voltiger nos oiseaux au-dessus de nos têtes.

A chaque instant, j'adresse ma petite prière à ma bonne Mère du Ciel, pour qu'elle me préserve de tout danger et me donne la force et le courage d'attendre quand même l'heure de la mort avec patience. Ici tout le monde est au même rang ; les plus malins sont les plus doux !

Assez pour aujourd'hui. Le « boulot » ne manque pas. Plus à la cuisine, maintenant, mais à la pioche pour fortifier les positions. Je remercie le bon Dieu de me donner la santé afin de pouvoir rester au front. Ceux qui auront le bonheur de retourner pourront marcher le front haut ; ils auront bien payé leur dette à la patrie.

Bonne santé. Une petite prière pour la victoire.

Un chouan qui a toujours le cœur patriote.

Narcisse.

Entre deux coups de pioche, un autre « Chouan », des bords de la Sèvre, affecté à un autre régiment de la même

division, expose, lui aussi, la situation.
Il se console gaiement de son rhume et de
la fièvre qui le fatiguent plus que la pioche; « ce n'est rien »! dit-il. L'important,
c'est qu'ils auront beau faire, « jamais
ils ne pourront mettre le pied à Verdun;
c'est réglé. » Nous sommes pourtant au
10 mars!

Reçu votre lettre avant-hier ; elle m'a
fait plaisir, me rassure et ouvre la
porte à celles qui maintenant m'ap-
portent des nouvelles. Toujours la guerre, la bataille acharnée à quelques
kilomètres de Verdun. Les Boches ne
peuvent plus avancer, c'est pour nous
la même chose. Plusieurs régiments de
l'active et la division marocaine ont
donné.

Le bombardement est terrible et je
m'en aperçois, bien que ma division
ne soit pas en première ligne. Nous
travaillons jour et nuit à faire des
tranchées, à 3 kilom. de la première
ligne, c'est-à-dire à bonne portée des
canons. Les obus tombent sans cesse,
mais nous voilà déjà à l'abri dans
les tranchées creusées. Les Boches ne
nous bombardent qu'avec de grosses
pièces qui démolissent tout ; malgré
cela, on ne se fait pas trop de bile.

Nous attendons notre tour d'aller remplacer nos braves camarades de l'a-
vant qui sont bien fatigués et qui

ont bien besoin d'être ravitaillés et de se reposer. Nous couchons dehors, mais comme on y est habitué, çà ne nous surprend pas. Je suis toujours enrhumé et même un peu malade, mais ce n'est rien, je marche toujours. Mon camarade Henri est comme moi, mais il est à l'infirmerie ; dans deux ou trois jours, il sera rétabli et viendra me rejoindre.

Ne soyez pas inquiet à mon sujet, je fais toujours mes devoirs de chrétien, bien que ce ne soit pas toujours facile.

Je vous quitte au son du canon et je reprends ma pioche pour creuser ma tranchée et empêcher les Boches de venir à Verdun. Ils y viennent avec leurs canons qui brisent tout, mais, eux, jamais ils ne pourront y mettre les pieds, c'est réglé.

Au revoir maintenant, en attendant la paix qui est sûrement proche.

Ernest.

Pendant 40 jours, ce sera chez nos réservistes du Bocage le même moral, — qui rit de toutes les misères du métier militaire — et la même confiance en Dieu. D'ailleurs pourquoi gémir et se plaindre ? Est-ce que tous les soldats, chefs et troupiers, ne sont pas logés à la même enseigne ? Et puis, ne sommes-nous pas alors en plein Carême? Quel meilleur temps pour faire pénitence, rendre ses souffrances méritoires et se préparer à une sainte mort, si la Providence en décide ainsi? Et d'ailleurs, est-ce que la Providence — toujours bonne — peut abandonner ceux qui ont tant de confiance en elle, ceux qui recourent avec tant de ferveur au Sacré Cœur et à la Sainte Vierge?

Tous nos vaillants « Jeunes » se familiarisent avec ces pensées et y trouvent une source de courage.

J'ai une très grande confiance dans le Sacré-Cœur, affirme l'un d'eux, et je suis sûr qu'il me ramènera sain et sauf.

Que de fois, écrit un autre, que de fois, je vous le confesse de tout cœur, n'ai-je pas été hanté par la vision de la mort! Je n'ai pourtant jamais perdu confiance et toujours j'ai cru à la protection divine, qui m'a gardé jusqu'ici.

J'ai fait mon acte de contrition bien des fois, soyez-en sûr. Les plus malins du reste, pendant ces heures tragiques, sont encore parfois les plus froussards. Je ne veux pas pour cela poser devant vous pour un vaillant, mais je n'ai rien à me reprocher : j'ai fait mon devoir, rien de plus.

Quant aux palmes et aux décorations, je ne les envie pas ; celui qui gagne véritablement la croix de guerre

risque trop souvent la croix de bois !
Et on m'attend là-bas au foyer.

Pendant cette Semaine Sainte, je m'unirai à vous par la Sainte Communion pour demander à Dieu mon prompt retour au pays, où j'espère vous voir bientôt avec ma petite famille.

Louis G.

L'ami intime de ce sapeur-pionnier, « l'ami Narcisse », à peine sorti de la fournaise, remercie lui aussi le divin Maître de l'avoir protégé. Son esprit chrétien est à la hauteur de celui de son « vieux » Louis. Sa lettre en fait preuve.

Nous avons quitté Verdun, le 8 avril, et sans beaucoup de regrets. Je remercie une fois de plus le Divin Maître de nous avoir protégés pendant les 40 jours, passés sous la terrible ferraille. Mais, après tout, c'était pendant le temps du Carême ! Il est vrai cependant que les deux dernières semaines nous seront meilleures que celle qui a précédé le Carnaval.

Nous sommes tout heureux d'avoir retrouvé notre bon caporal-brancardier, M. Bellouard, qui est arrivé nous rejoindre dans les derniers jours de Verdun. Nous avons profité de notre repos pour faire nos Pâques.

Il y a eu beaucoup de besogne pour le Dimanche des Rameaux. Ah ! c'est

que, après avoir fait un petit séjour au
danger, beaucoup sont revenus à l'ordre : là-bas, il n'y avait pas de malins.

Notre pauvre régiment, notre cher
314e, va être dissous le 21 avril prochain. Demain, nous allons faire nos
derniers adieux à notre drapeau, qui
sera renvoyé au dépôt de Parthenay...
Toujours courage et confiance.

Narcisse V.

Avec ce vaillant soldat et tous ses amis,
il faut regretter la disparition de ce
beau régiment qui avait écrit de glorieux
noms dans la soie de son drapeau. Qu'importe, il est vrai, le chiffre du drapeau
qui rallie les soldats, c'est pour le DRA-
PEAU DE LA FRANCE, c'est pour la
Mère-Patrie qu'ils se battent! C'est pour
elle et c'est pour Dieu qu'ils meurent!

Nombreux sont les morts hélas! qui,
après avoir mêlé leur sang à cette terre
qu'ils ont si vaillamment défendue, lui
font encore un rempart de toute l'étendue
de leurs corps. C'est au prix de mille fatigues et souvent au péril de leur vie que les
brancardiers sont allés les chercher sur
la ligne de feu ou dans la tranchée
pour leur donner les honneurs de la sépulture. Quelle tristesse pour eux de rencontrer parmi les morts quelqu'un de
connu et aimé! Tristesse mêlée de consolation pourtant pour leur cœur chrétien,
à la pensée de remplir leur charitable mis-

sion en faveur d'un compatriote, et de remplacer auprès de lui la famille absente! C'est ainsi qu'un jour fut récompensé le dévouement de l'auteur de la lettre suivante:

Mon cher Ami,

Nous avons passé quelques rudes journées, à Verdun ; comme disent les soldats, nous avons été « vernis ! »

Les premiers jours, je n'ai pas fait grand'chose, j'étais cuisinier. J'ai eu à côté de moi un de mes aides tué et plusieurs blessés. Au bout de huit jours, le service étant grandement assuré, *j'ai demandé à partager les fatigues de mes camarades en allant sur le champ de bataille chercher les blessés.* La permission me fut facilement donnée.

Nous avons eu quelques mauvais moments. Un jour, M. l'abbé Déz... et moi, nous fûmes pris dans un tir de barrage sur une route de l'avant, avec une voiture d'ambulance. Les obus tombaient comme grêle autour de nous, mais le bon Dieu nous a gardés : pas une égratignure !

Plus loin, dans un petit village, à F., une cave, démolie par un obus de 150, s'est écroulée sur nous ; mais là encore, rien : nous avons pu rentrer sains et saufs avec nos blessés. J'ai dit mon acte de contrition plusieurs fois ; je pensais au dernier instant de ma vie. Mais tout cela n'est rien ! Ce qui m'a le plus peiné, c'est de rencontrer mon camarade Gustave V., tué par un obus dans la tranchée. J'ai assisté à sa mise au cercueil ; j'ai pleuré. Ce qui me faisait pleurer surtout, c'était de me voir seul accompagner la voiture lorraine qui le conduisait au cimetière, au lieu du repos. J'étais le seul qu'il eût connu. J'ai fait dire une messe pour lui par M. l'aumônier, le matin même de son enterrement et j'ai pris le numéro de sa tombe...

Priez pour moi, priez pour que cette guerre finisse bientôt.

Auguste N.

Ce fut le lendemain seulement de la sépulture qu'était informé de son malheur le frère du soldat défunt, à son retour de corvée. Toute sa douleur éclatait le jour même dans une lettre dans laquelle il chargeait un de ses amis d'aller consoler son vieux père et ses chères sœurs. Quand il quittera Verdun, il pourra s'écrier :

Ma pensée reste et restera toujours vers cette région, où le malheur nous a frappés et où repose maintenant le corps de mon frère bien-aimé. Ce qui m'a quelque peu consolé, c'est de savoir qu'il a été aussitôt ramassé par un

ami et enterré au cimetière de Verdun,
avec quelques prières et une messe
dite par l'aumônier divisionnaire. Mon
seul regret est de n'avoir pas été averti
à temps pour être là au moment de
la sépulture. Que de peines et de
deuils ! Que de familles de notre petite paroisse garderont le triste souvenir
de cette terrible bataille de Verdun, qui
se poursuit toujours, mais où nos ennemis ont désormais manqué leur
coup !

Joseph V.

Heureuses les compagnies qui se reti-
raient de la fournaise sans y laisser de
morts ! Heureuses, mais bien rares, hélas ! Il y en eut une cependant dans le
1er bataillon de nos braves territoriaux
du 67e, qui travaillaient avec nos réservistes aux mêmes travaux de défense et
devaient, eux, y rester six mois entiers.
C'est avec une joie débordante que l'un
d'eux raconte le fait, en soulignant la
chose comme miraculeuse, de l'aveu même
des plus indifférents, des plus endurcis
du bataillon.

### Chère famille,

Laissez-moi vous dire la joie que
j'ai eue hier soir à me trouver avec
tous les camarades que je n'avais pas
vus depuis cinq semaines (depuis mon

changement de compagnie). Toute la journée, je suis allé d'une compagnie à l'autre pour rendre visite à chacun de ceux que j'estime. Chacun m'a raconté sa misère et d'une telle façon qu'il n'y avait pas à douter de la vérité de ce qu'ils disaient. La Champagne n'était rien en comparaison de ce qu'on a vu et souffert à Verdun ! Beaucoup que j'ai connus autrefois incroyants, qui riaient de nous, haussaient les épaules quand nous parlions de miracle, après avoir été protégés ; eh bien ! beaucoup de ceux-là me disaient hier soir : « Moi, je ne suis pas meilleur qu'un autre, mais personne ne m'empêchera de dire que nous avons été protégés. Mais aussi, ce n'est pas étonnant, ajoutaient-ils, nous avons un si bon commandant ! C'est bien grâce à lui si nous n'y sommes pas restés, la moitié ! »

Ce commandant, en effet, est bon ; il est bon pour tous, il est très bon pour tous les soldats, et en même temps très capable de diriger son bataillon, partout où il est appelé. Mais ce n'est pas à ces qualités qu'on attribuait le miracle, c'est parce que, en bon chrétien qui ne craint pas de communier devant les autres plus ou moins indifférents, il a consacré son bataillon et a ainsi obtenu beaucoup de grâces, assurent tous ses hommes.

À ce même bataillon, il y a un capitaine que nous appelons un saint. Il suit grandement la conduite du commandant à tout point de vue. A sa compagnie, il n'y a jamais eu de punition de prison depuis le début de la campagne, et elle est aussi bien disciplinée que les autres. Depuis vingt mois, elle ne compte que deux morts. En ces jours effroyables qu'elle a partagés avec tout le bataillon, elle a passé partout où les autres ont passé ; eh bien, savez-vous combien elle a eu de morts et de blessés ? pas un seul ! Je le répète, pas un mort ni un blessé ! Aucune autre compagnie, malheureusement, ne peut en dire autant.

Quand on voit de pareils miracles, les plus endurcis sont tout de même obligés d'avouer qu'il y a quelqu'un, qu'il y a un Dieu qui veille sur ses enfants et les protège dans les moments les plus critiques. Aussi, hier soir, une grande partie du régiment était rassemblée dans l'église du village. Il y avait Chemin de Croix ; la cérémonie était des plus enthousiastes : nous chantions tous ensemble en suivant attentivement toutes les stations. Dans le banc où j'étais, il y avait une place à prendre ; vous devinez bien le nom de celui qui devait l'occuper ; nous avons prié pour lui, afin qu'il guérisse vite et vienne nous rejoindre. Demain, nous prierons encore pour lui à tous les offices.

Louis D.

Quand sur la poitrine de pareils chefs, nos soldats voient accrocher la croix de guerre, ils se réjouissent tout autant que s'ils la portaient eux-mêmes. C'est alors que tous ils s'écrient avec un maître pointeur du 33e d'artillerie: « Je n'envie pas la croix de guerre. C'est pourtant un honneur pour un soldat. La gloire, moi, je l'envie pour la France toute seule! »

Il leur semble que c'est un peu la France qui est décorée, quand c'est ce chef, ce commandant, ce capitaine, ce lieutenant, qui ont pour eux des attentions maternelles, et veulent partager leurs dangers et leurs peines en couchant dans la même tranchée, et quelquefois en mangeant la même soupe et le même rata, quand ils ne peuvent pas relever le menu par quelques friandises.

Et quand dans ce capitaine ou ce lieutenant, nos « Jeunes » retrouvent un chef des luttes pacifiques d'autrefois, un orateur de leurs Congrès de Poitiers, de Bressuire ou de Beauchêne, leur joie est au comble de communiquer le texte de leur citation. Ils seront heureux de retrouver ici la citation de deux chefs aimés, d'un vieux capitaine, le capitaine Morand, toujours alerte, et d'un jeune lieutenant, Jean de Beauregard, que le bon Dieu a rappelé à lui, hélas! et que nous avons tous pleuré!

« MORAND MAURICE, capitaine au 33ᵉ d'artillerie : Officier de complément, libéré par son âge de toute obligation militaire, ayant demandé à être envoyé en première ligne, se distingue à la tête d'une batterie de 75 par son inlassable activité, son énergie et sa hauteur morale. Très belle conduite au feu sous Verdun, où il s'est porté constamment aux postes les plus dangereux, voulant être au milieu de son personnel, quand celui-ci était exposé. »

« JEAN DE BEAUREGARD : Officier de valeur. A su tenir sa troupe sous le feu dans des circonstances critiques. Modèle de courage et d'abnégation. Est tombé glorieusement le 8 mars. »

On peut dire que nos vaillants « Jeunes » se sont efforcés d'être dignes de pareils chefs. Un des rares survivants de la compagnie, commandée par notre regretté « Monsieur Jean », et dont la blessure a nécessité l'amputation du bras gauche, raconte dans une lettre à l'aumônier cantonal ce que fut la terrible journée du 8 mars, son baptême de feu, pour lui et tant de héros qui, eux, y trouvèrent la mort, mais une mort glorieuse.

Depuis quatre jours déjà, nous occupions les tranchées de première ligne en avant du petit village de Vaux. Le 7 mars au matin, commençait de la part de l'ennemi un bombardement terrible : dans quelques heures, ce ne fut que feu et flammes dans les maisons de Vaux. Le bombardement continua ainsi pendant trente-six heures.

Dans la soirée de ce même jour, le 7 mars, j'ai failli être enseveli tout vivant sous notre abri qui s'est effondré sous le poids et l'éclatement de deux gros obus, tombés tous les deux ensemble. Fort heureusement, je fus protégé par mon casque et par une main invisible qui a soutenu le choc, là où j'étais tombé. Malheureusement, douze de mes camarades de section y sont restés ensevelis tout vivants ; impossible de les en retirer à cause du bombardement qui était de plus en plus violent.

A ce moment, ma compagnie, en réserve de bataillon, se trouvant à 150 mètres environ de la tranchée de 1re ligne, reçut l'ordre d'aller renforcer les trois autres compagnies. Pendant un instant, ce fut un affolement ; on reprend assez vite son sang-froid et on a vite franchi les quelques mètres qui nous séparaient des camarades. Une fois placés chacun à son poste de combat, à la merci des balles et surtout des obus de gros calibre qui faisaient rage autour de nous, c'était un bruit épouvantable : le sifflement et l'éclatement des projectiles faisaient de l'endroit une vraie fournaise. Beaucoup ont été tués à leur poste.

On attendit ainsi dans une grande anxïété pendant quelques heures et toute la matinée du 8 mars. Ce n'est que vers 3 heures environ de l'après-midi que la ruée allemande se déchaîna sur nous. Là ce fut un carnage épouvantable. C'est à ce moment-là que notre cher sous-lieutenant, Jean de Beauregard, tomba en héros à la tête de sa section, c'est à ce moment que notre regretté « Monsieur Jean » versa son sang en brave pour la Patrie, pour la défense du sol français.

A ce moment-là, le bombardement était un peu calmé. On aperçut les vagues ennemies qui s'approchaient de nous. Pas moyen d'avoir un tir de barrage pour les arrêter : plus de lignes téléphoniques, elles étaient toutes brisées, plus de fusées non plus. C'était un moment d'angoisse. *Il a fallu songer à tenir coûte que coûte* avec les fusils et les quelques mitrailleuses qui nous restaient de toutes celles que le bombardement avait détruites.

Il y avait environ une heure que l'attaque était déclanchée, quand une balle

ennemie est venue me frapper. Les
camarades m'ont fait un petit pansement. Il me fallut à ce moment-là songer
ger à me rendre au poste de secours,
où se trouvait M. le major, mais je n'en
avais bientôt plus la force. Je me suis
armé de courage. Je faisais environ
trente mètres à la fois et j'étais obligé
de me reposer. Enfin, je suis parvenu
avec beaucoup de peine. Là, j'ai reçu
les premiers soins du médecin-major,
et ce fut ensuite l'évacuation à l'ambulance.

Maintenant ma santé est excellente
et ma blessure va, elle aussi, très bien :
mes forces me reviennent et en même
temps la guérison.

Ludovic BR.

Un mois après, au même hôpital de
St-Cloud, venait le rejoindre un ami du
pays, à qui un obus avait emporté un
morceau du bras gauche et qui en avait
laissé le reste à l'ambulance du front.
C'était un mitrailleur, attaché à son « porte-
cigare » comme un artilleur à son 75. A
sa mère qui pleurait de le voir mutilé, il
répondait gaiement : « Bah ! ils n'ont pris
qu'un morceau de mon bras, mais ils
n'ont pas pu avoir ma mitrailleuse ! »-
Il appartenait au glorieux 114e, qui,
avec le 125e, a mérité les éloges du « Bulletin des Armées », qui rappelle la bril-

lante conduite de ces deux régiments d'élite, « dont la valeur, dit-il, ne s'est jamais démentie depuis le début de la guerre. Composés en majeure partie de Vendéens et de Poitevins, ils ont sans cesse témoigné du plus bel esprit offensif. » Ils se sont surtout immortalisés à la côte 304, dans les premiers jours de Pâques.

LA COTE 304! C'est là qu'ils surent admirablement « tenir », tous nos vaillants de ce IXe corps, égal en gloire au XXe, qu'il était chargé de relever et à qui le général Pétain a rendu un si bel hommage avant de prononcer ce mot désormais historique: « On les aura! »

Ils y allaient avec le souci de soutenir non pas seulement l'honneur du drapeau, mais aussi la renommée des « gâs » du Poitou, même au prix de leur vie. Et combien ont payé à ce prix la gloire de ne pas céder un pouce de terrain à l'ennemi! En chacun d'eux se retrouve le sang-froid, la bravoure et l'héroïsme de deux jeunes sergents, l'un du 114e et l'autre du 125e, deux amis intimes, tous deux avec quelques autres, l'élite de leur groupe de J. C., et qu'une citation à l'ordre de la division vient de consacrer, à l'admiration de leurs parents et amis.

Le jour du Vendredi Saint, l'un d'eux, celui du 125e, fait part à l'aumônier cantonal de son bonheur d'avoir pu faire ses

Pâques, la veille, et son chemin de Croix le jour même. C'est là qu'il a puisé l'esprit de sacrifice qui le fait s'offrir à Dieu, « s'il plaît à Dieu de venir le cueillir », dit-il.

Nous sommes encore éloignés de la fournaise, mais nous espérons y aller bientôt. Eh bien ! moi, je suis prêt à tout. Si Dieu a besoin de moi, ne peut-il pas venir me prendre ! Oui, oui, il peut venir me cueillir, là où il voudra, ici au milieu de cette mitraille, qui toujours cherche à semer la mort dans nos rangs.

Je l'ai déjà dit plusieurs fois : ce n'est pas à nous à discuter notre vie, nous qui sommes si petits, nous qui ne tenons pour ainsi dire qu'à un brin de fil ; laissons-nous bercer par les soins de la divine Providence qui nous tient entre ses mains !

Toujours patience et courage, la fin de tout cela viendra bien un jour, quand Dieu voudra.

Emile GIRARDEAU.

C'est la dernière lettre, hélas ! qu'il ait écrite à celui qui l'aimait tant ! Elle fut en quelque sorte contresignée par ses chefs quelque temps après dans la citation à l'ordre du jour du héros chrétien :

« Sous-officier très énergique. Resté
à son poste d'observation au plus fort
du bombardement, le 9 mai 1916.
Tombé glorieusement à ce poste, donnant ainsi à sa fraction le plus bel
exemple de sacrifice. »

L'ami intime de ce héros, parti comme
lui avec les galons de laine, et depuis sergent comme lui, mais au 114e, partait
à Verdun avec le même souci de soutenir l'honneur des « Jeunes du Bocage » et
de relever le prestige des lignards de
son groupe pour les mettre au même rang
d'honneur que les artilleurs et les sapeurs,
déjà décorés de la croix de guerre. Son
petit Albert, du reste, serait si heureux
un jour de caresser la croix de son papa!
C'est lui, le cher petit, qui la recevra,
sans savoir pourquoi sa maman inconso-
lable ne cesse de pleurer, sans savoir qu'ils
ont tout perdu tous les deux en perdant
un tel soutien!

En arrivant à Verdun, cet autre héros écrivait au même aumônier:

Très cher R. P.,

Je pensais passer la grande fête de
Pâques bien tranquillement, loin des
marmites, mais encore une fois, il a
fallu faire son sac. Aujourd'hui, j'arrive près de Verdun, pour prendre part,
moi aussi, à ce grand combat qui dure
depuis deux mois. Les braves gas

du Poitou ne sont pas plus rassurés que ça. On dit que c'est terrible, là-bas. Nous sommes résolus quand même à ne pas perdre notre bonne renommée. Tant pis s'il faut faire des sacrifices encore une fois ! Au moins ces sacrifices serviront à quelque chose. Je suis sûr que là-bas, au pays, parents et amis ne nous oublieront pas devant Dieu : ils demanderont à Celui qui peut tout la force et le courage dont nous aurons besoin dans ces moments difficiles.

J'ai lu avec plaisir sur le journal, la *Croix des Deux-Sèvres*, la citation de mon cousin Alexis ; parents et amis, j'en suis sûr, s'en montreront heureux. Quant à moi, je ne l'ai pas encore décrochée ! J'ai bien peur de passer pour un froussard, et j'aurais besoin de rehausser la renommée des lignards du P... Je n'ai pas encore vu une distinction à leur actif. J'ai encore le temps, la guerre n'est pas finie. Toutefois, si je reviens auprès de mon cher petit Albert, sans décoration, j'espère qu'il m'excusera quand il sera grand.

Dans l'attente de plus heureux jours et de la victoire finale.

Aimé PACREAU.

Un « froussard », lui, le brave sergent ! La citation fait preuve de son sang-froid et de sa bravoure, et le « petit Al-

bert » a le droit d'être fier de son généreux père; avec lui, c'est tous les parents et amis de ce héros que console
un, peu dans leur douleur commune cette
marque de distinction qui est pour un
soldat la plus belle des lettres de noblesse.

« Sous-officier brave et d'un grand
sang-froid. Au cours d'un long et terrible bombardement, est resté à son
poste, dans une tranchée très battue, y
maintenant ses hommes et prévenant
ainsi une attaque allemande. A trouvé
une mort glorieuse. »

Devant de pareils soldats, les Allemands encore une fois durent s'avouer
vaincus. Ils luttaient, à leurs dépens, contre le «fameux IX<sup>e</sup> corps», dont ils devaient bientôt retrouver la même vail-
lance dans le XI<sup>e</sup> qui allait lui succéder.
Quand nos soldats furent relevés, quel-
qu'un pouvait dire dans une lettre:

Le IXe corps a résisté au plus formidable bombardement de toute l'attaque sur Verdun. Il a résisté, je vous
prie de le croire, puisqu'il n'a pas cé-
dé un pouce de terrain.

Hélas ! ce fut au prix de lourdes pertes,
puisqu'il fallut renouveler une bonne partie des effectifs, en quittant la côte 304.
Mais qu'importe, disent nos héros, ils n'ont

pas pu « l'avoir »! La côte 304 est encore à nous! Elle est toujours à nous! Qu'importe les pertes et les morts: ILS NE PASSERONT PAS et NOUS LES AURONS!

ILS NE PASSERONT PAS, malgré leur mitraille et leurs attaques meurtrières! Ils peuvent prodiguer leurs marmites, nos jeunes poilus des classes « 15 et 16 » les narguent, et se montrent dignes de leurs aînés en confiance, en courage et aussi en esprit de bon aloi.

Voici en quels termes se moque spirituellement de la ferraille boche, un ajourné, heureux d'avoir été appelé à rejoindre sa classe au front, après avoir été mené dur pendant les périodes d'instruction à la caserne. C'est à un vieux prêtre au cœur chaud et ardent, qu'il écrit, à la date du 8 mars.

Je suis dans ce fameux secteur de Verdun, dont on parle tant depuis 15 jours. Vous l'avouerai-je? Je ne suis encore qu' « un bleu », dans l'art de manier la fourchette.

Il paraît que ce soir, les Boches vont nous attaquer ; alors, nous allons tout simplement les attendre, à moins que, pour leur jouer un bon tour, nous ne les devancions. En tout cas, ils sont agaçants : pas moyen de dormir en paix, c'est un vacarme assourdissant !

Si encore les marmites qu'ils nous envoient pouvaient servir à faire la popote ; mais elles ont le défaut d'être fêlées, et de se casser, quand elles nous parviennent ! Ah ! ces usines Krupp, rien de tel pour fournir de la camelote aux clients !

Un soir, nous étions cantonnés paisiblement dans un village, près de la Meuse. Les Messieurs d'en face n'ont rien trouvé de mieux que de nous saluer à coup d'obus. J'entendis le premier siffler lugubrement, et instinctivement je baissai la tête : je n'étais pas précisément fier ; au 2e, j'eus un peu moins peur, mais tout de même, à parler franchement, je trouvais que leurs 105 faisaient une drôle de musique toute la nuit, au-dessus de mon bataillon !

Depuis ce jour, je suis habitué à entendre la ferraille ; je trouve même que ça n'a rien d'extraordinaire et que plutôt c'est faire beaucoup de potin pour un résultat bien maigre !

Je me persuade de plus en plus que *l'armée tiendra*, coûte que coûte ; d'ailleurs, *l'entrain est merveilleux.*

« L'entrain est merveilleux » dans tous les régiments et non pas seulement au 29e, où tout le monde rivalise de bonne humeur. Il est certes difficile de trouver plus de franche gaieté que chez ce soldat qui journellement, dans les lettres envoyées à sa mère ou à ses amis pendant les cinq mois passés à Fresnes ou aux Eparges, nargue le vieux Fritz d'en face, sa rage et sa camelotte, les rats et souris de la tranchée qui se battent pour avoir son pain, les rusés « totos » qui s'embusquent dans sa flanelle, pour mieux attaquer... l'ennemi. Quel beau chapitre on ferait sur la « vie dans les tranchées » avec de pareilles lettres !

Rien ne peut faire baisser le moral de ce joyeux troupier qui, avant de quitter le front de Verdun pour celui de Lorraine, écrivait dernièrement à sa « bonne maman » :

Hier, dans la tranchée on a fait passer un ordre du jour du général Nivelles, commandant notre armée de Verdun. Il nous annonce que l'heure décisive approche, et qu'ici, il fallait tenir, coûte que coûte. Soyez sans crainte, mon général, ceux que Pétain, votre prédécesseur, appelait dans son ordre du jour « les Héros de Verdun », connaissent la consigne : ILS NE PASSERONT PAS !

Non, ILS NE PASSERONT PAS! ILS N'AURONT PAS VERDUN! Tous les soldats de Verdun et de France connaissent la consigne.

Les Boches veulent Verdun, écrit l'un d'eux, mais le IXe corps y est rendu, et *ils peuvent se mettre une large ceinture !*

Et c'est un soldat du IXe corps, qui, décidé à ne pas faire mentir son ami, s'écrie dans une lettre :

Nous voilà près de Verdun. Nous allons prendre les tranchées, dans deux ou trois jours, pour tâcher d'arrêter ces brigands de Boches qui ne se lassent pas d'attaquer. Mais ils épuisent leurs forces. Prenons courage ; quand ils seront épuisés, ce sera à notre tour de *leur passer une bonne frottée* !

Quinze jours après, il écrivait au même ami :

Nous n'avons pas eu d'attaque, mais un bombardement épouvantable : rien que des obus de 105, 210 et 280 ! Malgré nos pertes, il y a cependant eu beaucoup plus de bruit que de mal !

Le Saint jour de Pâques, pas de messe hélas ! car nous étions en ligne, sous le bombardement déchaîné par cette bête brutale à tête carrée de Guillaume. Il a beau envoyer des obus : c'est sa race qu'il fait tuer, et il *n'aura pas Verdun* !

ILS N'AURONT PAS VERDUN ! répète lui aussi un jeune engagé de la classe « 17 », qui écrit, à la date du 10 avril, ses impressions de combat à un « bleuet » de La Rochelle :

Cher grand « bleuet »,

Hélas ! ce n'est même pas blotti contre le parapet d'une tranchée que je passe maintenant mes heures de première ligne. C'est à plat ventre, dans le sol labouré par les obus, sous la canonnade qui ne cesse pas.

En ce moment nous sommes au repos, mais nous allons demain retourner au centre de la fournaise. Quelle horreur ! Mais, ce qui me console, c'est qu'*ils n'auront pas Verdun* ! Ils peuvent venir le double de ce qu'ils sont venus, ils seront repoussés tout pareil !

Et dans leurs lettres, ce sont tous nos « Jeunes » de la classe « 16 » et même déjà les « bleuets » de la classe « 17 », qui demandent à partir pour prêter main-forte aux « héros de Verdun ».

Je serais heureux, s'écrie l'un d'eux, d'aller là-bas, suivre le *chemin de l'honneur* que m'a si bien tracé mon parrain, et venger sa mort, en faisant crânement mon *devoir de Catholique et de Français*, pour être fidèle à sa devise : *Pro Deo et Patria* !

PRO DEO ET PATRIA ! POUR DIEU, POUR LA PATRIE !

C'est la devise de tous nos chers « Jeunes du Bocage vendéen ». C'est pour Dieu et pour la France qu'ils se battent ! Et voilà pourquoi leurs chefs peuvent compter sur eux.

Le général Nivelles peut leur donner sa confiance et leur dire : « *Vous ne les laisserez pas passer, n'est-ce pas, mes amis !* »

Le général Pétain répond pour eux et avec eux : « *Non, non* ! MAIS COURAGE ! ON LES AURA ! »

Oui, « *on les aura* ! » On les aura à Verdun ! On les aura dans la Somme, et bientôt en Champagne et en Alsace ! « *On les aura* » partout !

« *On les aura* ! » répètent les Russes, qui déjà peuvent dire des Autrichiens : *On les a* ! Dans quelque temps Russes, Anglais, Italiens, Français, tous les Alliés, diront de concert : ON LES A ! Ce sera le jour où, dans un commun effort, dans une UNION SACREE de toutes les forces vives de toutes les nations alliées, chacun aura fait son devoir *pour Dieu, pour la Patrie !*

PRO DEO ET PATRIA.

Le 16 juillet, en la fête de N.-D. du Mont-Carmel.

# TABLE DES MATIÈRES




ST-MAIXENT — IMP. E. PAYET